Indonesian

phrase book

Compiled by

**Iskandar P. Nugraha
& Katherine Ingham**

PERIPLUS

Published by Periplus Editions (HK) Ltd.

ISBN: 0-7946-0036-0

Printed in Singapore

Distributed by:

Asia-Pacific
Berkeley Books Pte Ltd
130 Joo Seng Road, #06-01/03
Singapore 368357
Tel: (65) 6280 1330
Fax: (65) 6280 6290

Japan & Korea
Tuttle Publishing
RK Building 2nd Floor
2-13-10 Shimo-Meguro, Meguro-ku
Tokyo 1530064
Japan
Tel: (03) 5437 0171
Fax: (03) 5437 0755

North America
Tuttle Publishing
Airport Industrial Park
364 Innovation Drive
North Clarendon, VT 05759-9436
USA
Tel: (802) 773 8930
Fax: (802) 773 6993

Indonesia
PT Java Books Indonesia
Jl. Kelapa Gading Kirana
Blok A14 No. 17
Jakarta 14240
Indonesia
Tel: (62-21) 451 5351
Fax: (62-21) 453 4987

Contents

7 Overnight accommodation 63–71

8 Money matters 72–74

9 Mail and telephone 75–79

10 Shopping 80–88

11 At the Tourist Information Center 89–94

12 Sports 95–97

13 Sickness 98–104

14 In trouble 105–110

15 Word list 111–148

Introduction

● **Welcome to the Periplus Essential Phrase Books series, covering the world's most popular languages and containing everything you'd expect from a comprehensive language series. They're concise, accessible, and easy to understand, and you'll find them indispensable on your trip abroad.**

Each guide is divided into 15 themed sections and starts with a pronunciation table that explains the phonetic pronunciation for all the words and phrases you'll need to know for your trip. At the back of the book is an extensive word list and grammar guide that will help you construct basic sentences in your chosen language.

Throughout the book you'll come across colored boxes with a 🐭 beside them. These are designed to help you if you can't understand what your listeners are saying to you. Hand the book over to them and encourage them to point to the appropriate answer to the question you are asking.

Other colored boxes in the book—this time without the symbol—give alphabetical listings of themed words with their English translations beside them.

For extra clarity, we have put all English words and phrases in **black** and foreign language terms in red.

This phrase book covers all subjects you are likely to come across during the course of your visit, from reserving a room for the night to ordering food and drink at a restaurant and what to do if your car breaks down or you lose your traveler's checks and money. With over 2,000 commonly used words and essential phrases at your fingertips, you can rest assured that you will be able to get by in all situations, so let the Essential Phrase Book become your passport to a secure and enjoyable trip!

Pronunciation guide

The Indonesian writing system is phonetic. The sounds and the letters used to represent them correspond closely. Although Indonesian is relatively consistent in matching sounds to spelling there are some exceptions and several sounds are difficult for English speakers. Pronunciation also varies depending on the region. As this book is designed for travelers visiting large cities and tourist sites in Indonesia you will not have any trouble making yourself understood if your pronunciation is slightly imperfect.

Consonants
Some Indonesian consonants are spelled with more than one letter.

The consonants **b**, **d**, **f**, **g**, **j**, **k**, **l**, **m**, **n**, **p**, **s**, **t**, **w** are pronounced as in English.

Mostly found in words borrowed from English, Dutch or Arabic, the letters **q**, **v**, **x**, **z** are very rare in Indonesian. **q** is pronounced like **k** in English. **z** sometimes sounds similar to **j** in English.

Consonants that are pronounced somewhat differently from English are as follows. The imitated pronunciation should be read as if it were English.

c	like the **ch** in *church*
kh	like the **ch** in *loch*
ny	like the **ny** in *canyon*
ng	like the **ng** in *singer*
ngg	like the **ng** in *anger*
r	like the **rr** in Spanish *arriba*
sy	like the **sh** in *shall*

Notes
h	is lightly aspirated
k	when at the end of a word, is cut off sharply
r	is rolled, especially at the end of a word

Vowels and diphthongs
a	like the **a** in *father*, but shorter (never as in *apple*)
ai	like the **ie** in *tie*
au	like the **ow** in *cow*
e	mostly a mute sound, like the **e** in *behind*; otherwise like the **e** in *bed*
i	like the **ee** in *meet*, but shorter
o	like the **o** in *hot*; sometimes like the **oe** in *toe*
oi	like the **oi** in *coin*
u	like the **oo** in *foot*
ua	like **wa** in *Washington*

Word stress
Indonesian words do not have a heavy stress accent. Sentences should be pronounced smoothly and evenly. If there is a stress within a word, it falls on the second last syllable, never the last, e.g. Denpásar (not Denpasár).

Useful lists

1 Useful lists

1 .1 Today or tomorrow?

What day is it today? _____	Hari apa sekarang?
Today's Monday _____	Sekarang hari Senin
– Tuesday _____	– Sekarang hari Selasa
– Wednesday _____	– Sekarang hari Rabu
– Thursday _____	– Sekarang hari Kamis
– Friday _____	– Sekarang hari Jumat
– Saturday _____	– Sekarang hari Sabtu
– Sunday _____	– Sekarang hari Minggu
in January _____	daam bulan Januari
since February _____	sejak Februari
in spring _____	di musim semi
in summer _____	di musim panas
in autumn _____	di musim gugur
in winter _____	di musim dingin
2001 _____	dua ribu satu
the twentieth century _____	abad duapuluh
the twenty-first century _____	abad duapuluh satu
What's the date today? _____	Tanggal berapa hari ini?
Today's the 24th _____	Hari ini tanggal duapuluh empat
Monday 3 November _____	Senin tiga November
in the morning _____	di pagi hari
in the afternoon _____	di siang hari
in the evening _____	di malam hari
at night _____	di malam hari
this morning _____	pagi ini
this afternoon _____	siang ini

this evening	malam ini
tonight	malam ini
last night	kemarin malam
this week	minggu ini
next month	bulan depan
last year	tahun lalu
next...	kemudian, selanjutnya
in...days/weeks/months/years	dalam...hari/minggu/bulan/tahun
...weeks ago	berminggu-minggu yang lalu...
day off	hari libur

.2 Legal holidays

● **The most important legal holidays** in Indonesia are the following:

January

| Tahun Baru (New Year's Day) | January 1 |

March /April

Jumat Agung (Good Friday)	Variable
Nyepi (Balinese Saka Calendar New Year)	Variable
Waisak Day (Buddhist festival)	Variable
Idul Adha (Islamic celebration for the end of the pilgrimage)	Variable
Muharram (Islamic New Year)	Variable

June/July

| Maulud Nabi (Birthday of the prophet Muhammad) | Variable |

August

| Hari Kemerdekaan (Independence Day) | August 17 |

October

| Al Miraj (Ascension of the prophet Muhammad) | Variable |

December / January

| Hari Natal (Christmas Day) | December 25 |
| Idul Fitri (Two-day celebration of the end of Ramadan) | Variable |

Holidays and festivals are held at various times throughout the year in Indonesia. Many holidays follow the lunar calendar and do not fall on the same date every year. During the fasting month of Ramadan many shops and restaurants in conservative Muslim areas are closed during daylight hours. It can be difficult to travel during Idul Fitri as hotels and transport are booked out in advance by Indonesians.

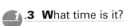

.3 What time is it?

What time is it? _____	Jam berapa sekarang?
It's nine o'clock _____	Jam sembilan
– five past ten_____	Jam sepuluh lewat lima
– a quarter past eleven ____	Jam sebelas lewat seperempat
– twenty past twelve _____	Jam duabelas lewat dua puluh
– half past one _____	Jam setengah dua
– twenty–five to three _____	Jam tiga kurang dua lima
– a quarter to four_____	Jam empat kurang seperempat
– ten to five _____	Jam lima kurang sepuluh
– twelve noon_____	Tengah hari (Jam dua belas)
– midnight_____	Tengah malam
half an hour _____	setengah jam
What time? _____	Jam berapa?
What time can I come ____ round?	Jam berapa saya bisa datang?
At... _____	Pada jam...
After.../Before... _____	Sesudah jam.../Sebelum jam...
Between...and... _____	Antara jam...dan jam...
From...to..._____	Dari jam...sampai jam...
In...minutes_____	Dalam...menit
– an hour _____	– Dalam satu jam
– ...hours _____	– Dalam berjam-jam...
– a quarter of an hour _____	– Dalam seperempat jam
– three quarters of _____ an hour	– Dalam tiga perempat jam
too early_____	terlalu awal
too late_____	terlalu siang (in the morning)/ terlalu malam (at night)
on time_____	tepat waktu

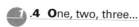

.4 One, two, three...

0	nol
1	satu
2	dua
3	tiga
4	empat
5	lima
6	enam
7	tujuh
8	delapan
9	sembilan
10	sepuluh
11	sebelas
12	duabelas
13	tigabelas
14	empatbelas
15	limabelas
16	enambelas
17	tujuhbelas
18	delapanbelas
19	sembilanbelas
20	duapuluh
21	duapuluh satu
22	duapuluh dua
30	tigapuluh
31	tigapuluh satu
32	tigapuluh dua
40	empatpuluh
50	limapuluh
60	enampuluh
70	tujuhpuluh
80	delapanpuluh
90	sembilanpuluh
100	seratus
101	seratus satu
110	seratus sepuluh
120	seratus duapuluh
200	dua ratus
300	tiga ratus
400	empat ratus
500	lima ratus
600	enam ratus
700	tujuh ratus
800	delapan ratus
900	sembilan ratus
1,000	seribu
1,100	seribu seratus
2,000	dua ribu
10,000	sepuluh ribu
100,000	seratus ribu
1,000,000	satu juta

11

1st _____	kesatu/pertama
2nd _____	kedua
3rd _____	ketiga
4th _____	keempat
5th _____	kelima
6th _____	keenam
7th _____	ketujuh
8th _____	kedelapan
9th _____	kesembilan
10th _____	kesepuluh
11th _____	kesebelas
12th _____	keduabelas
13th _____	ketigabelas
14th _____	keempatbelas
15th _____	kelimabelas
16th _____	keenambelas
17th _____	ketujuhbelas
18th _____	kedelapanbelas
19th _____	kesembilan belas
20th _____	keduapuluh
21st _____	keduapuluh satu
22nd _____	keduapuluhdua
30th _____	ketigapuluh
100th _____	keseratus
1,000th _____	keseribu

once _____	sekali
twice _____	dua kali
double _____	lipat dua
triple _____	lipat tiga
half _____	setengah
a quarter _____	seperempat
a third _____	sepertiga
some/a few _____	beberapa

$2 + 4 = 6$ _____ dua tambah empat sama dengan enam

$4 - 2 = 2$ _____ empat kurang dua sama dengan dua

$2 \times 4 = 8$ _____ dua kali empat sama dengan delapan

$4 \div 2 = 2$ _____ empat dibagi dua sama dengan dua

even/odd _____ genap/ganjil

total _____ jumlah seluruhnya

6×9 _____ enam kali sembilan

.5 The weather

Is the weather going to be good/bad?	Apa cuaca akan baik/buruk?
Is it going to get colder/hotter?	Apa akan menjadi lebih dingin/lebih panas?

What temperature is it going to be? ___ Akan berapa suhu udara?

Is it going to rain? ___ Apa akan hujan?

Is there going to be a storm? ___ Apa udara akan sangat dingin?

Is it going to foggy? ___ Apa akan berkabut?

Is there going to be a thunderstorm? ___ Apa akan ada hujan angin dan petir?

The weather's changing ___ Cuaca sedang berubah

It's going to be cold ___ Akan menjadi dingin

What's the weather going to be like today/tomorrow? ___ Akan bagaimana cuaca hari ini/besok?

---

angin **wind**	cerah bersinar **sunny**	hujan lebat **downpour**
angin agak kencang/kencang/sangat kencang **moderate/strong/very strong winds**	derajat (di bawah/di atas nol) **...degrees (below/above zero)**	kabut/berkabut **fog/foggy**
angin ribut/topan **hurricane**	dingin dan basah **cold and damp**	langit cerah/berawan/mendung dan berawan **clear skies/cloudy/overcast**
badai **storm**	gelap **bleak**	lembab **humid**
berangin **windy**	gelombang panas **heatwave**	sangat panas **very hot**
berawan **cloudy**	gerah/melemaskan **stifling**	sedang **mild**
cerah **fine/clear**	hembusan angin **gusts of wind**	sejuk **cool**
cerah **sunny day**	hujan **rain**	terik/panas dan lembab **sweltering/muggy**
cerah/bagus **fine**	hujan deras **heavy rain**	

 .6 Here, there...

See also 5.1 Asking for directions

here/there ___ di sini/sini, di sana/sana

somewhere/nowhere ___ di suatu tempat/tidak di manapun

everywhere ___ di mana-mana

Useful lists

far away/nearby	jauh/dekat
right/left	di kanan/di kiri
to the right/left of	di sebelah kanan dari/ di sebelah kiri dari
straight ahead	lurus
via	melalui/lewat
in	di/ke
on	di/pada
under	di bawah
against	pada
opposite	seberang/menghadap
next to	di sebelah dari
near	dekat
in front of	di depan
in the center	di tengah
forward	di muka
down	di bawah
up	di atas
inside	di dalam
outside	di luar
behind	di belakang
at the front	di depan/di muka
at the back	di belakang/di deretan
in the north	di utara
to the south	ke selatan
from the west	dari barat
from the east	dari timur
to the...of	ke...dari

.7 What does that sign say?

See also 5.2 Traffic signs

(bukan) air minum	informasi/keterangan	pintu masuk
(no) drinking water	**information**	**entrance**
air panas/dingin	isi/ada orangnya/	polisi
hot/cold water	sudah direservasi	**police**
berbahaya	**reserved**	polisi lalu lintas
danger	jadwal	**traffic police**
berbahaya/api	**timetable**	rem darurat
berbahaya	jangan ganggu/	**emergency brake**
danger/fire hazard	sentuh	rumah sakit
berhenti	**please do not**	**hospital**
stop	**disturb/touch**	rusak
buka	kamar mandi	**out of order**
open	**bathrooms**	sibuk
cat basah	kamar tunggu	**engaged**
wet paint	**waiting room**	tanggadarurat/
dilarang berburu/	kantor penerangan	tangga jalan
memancing	wisata	**fire escape/**
no hunting/fishing	**tourist information**	**escalator**
dilarang masuk	**bureau**	tarik
no access/no entry	kantor pos	**pull**
dilarang membuang	**post office**	tegangan tinggi
sampah	kasir	**high voltage**
no litter	**cashier**	tekan
dilarang merokok	kosong	**push**
no smoking	**not in use**	terjual habis
dinas kebakaran	loket karcis	**sold out**
fire department	**ticket office**	tutup untuk
disewakan	penuh	perbaikan
for hire/for rent	**full**	**closed for repairs**
hati-hati anjing galak	pertolongan pertama	untuk dijual
beware of the dog	**first aid/accident and**	**for sale**
hotel	**emergency**	
hotel	**(hospital)**	

.8 Telephone alphabet

a _____	ah
b _____	bay
c _____	chay
d _____	day
e _____	ay
f _____	ef
g _____	gay
h _____	ha
i _____	ee
j _____	jay
k _____	kah
l _____	el

Useful lists

m	_____	em
n	_____	en
o	_____	oh
p	_____	pay
q	_____	key
r	_____	air
s	_____	es
t	_____	tay
u	_____	oo
v	_____	fay
w	_____	way
x	_____	eks
y	_____	yay
z	_____	zet

.9 Personal details

surname	_____	nama keluarga
first name	_____	nama depan
initials	_____	huruf awal nama
address	_____	alamat
postal (zip) code	_____	kode pos
sex (male/female)	_____	jenis kelamin (laki-laki/perempuan)
nationality/citizenship	_____	kebangsaan/kewarganegaraan
date of birth	_____	tanggal lahir
place of birth	_____	tempat lahir
occupation	_____	pekerjaan
married status	_____	status perkawinan
married/single	_____	menikah/belum menikah
widowed	_____	janda/duda
(number of) children	_____	jumlah anak
passport/identity card/ driving license number	_____	paspor/kartu tanda identitas/ nomor SIM
place and date of issue	____	tempat dan tanggal dikeluarkan
signature	_____	tanda tangan

2

Courtesies

Courtesies

● **Indonesians** are friendly and courteous people. A handshake is a common form of greeting amongst both men and women. A smile is a sign of goodwill, and calmness in the face of adversity is greatly admired. Shows of aggression are frowned upon, and gestures such as standing with your hands on your hips or crossing your arms over your chest should be avoided. The left hand is considered unclean so do not give or receive anything with it. Pointing with the fingers or feet is considered rude. Use your thumb to point and don't cross your legs when sitting with someone. It is also advisable not to touch anyone including children on the head which is seen as sacred. If you visit an Indonesian home, a mosque or a temple, remove your shoes before entering. Indonesians love small talk (*obrol*). Expect to be asked personal questions about your age, religion and marital status from virtual strangers. Dress, particularly for women, should always be modest. Shorts and revealing tops are inappropriate.

.1 Greetings

Hello/Good morning, _____ Mr Williams	Halo/Selamat pagi, Tuan Williams
Hello/Good morning, _____ Mrs Jones	Halo/Selamat pagi, Nyonya Jones
Hello, Peter _____	Halo, Peter
Hi, Helen _____	Hai, Helen
Good morning, madam____	Selamat pagi, Nyonya
Good afternoon, sir _____	Selamat siang, Tuan
Good afternoon/evening___	Selamat siang/malam
How are you?/ _____ How are things?	Apa kabar?/Bagaimana kabarnya?
Fine, thank you, and you? _	Baik, dan Anda?
Very well, and you? _____	Sehat-sehat saja, dan Anda?
In excellent health_____	Tidak kurang satu apapun
So-so _____	Lumayan
Not very well _____	Tidak terlalu baik
Not bad _____	Biasa
I'm going to leave_____	Saya akan pergi
I have to be going, _____ someone's waiting for me	Saya harus pergi, seseorang sedang menunggu saya

Good-bye_____ Selamat jalan
  (to someone leaving)

Good-bye _____ Selamat tinggal
  (to someone staying)

See you later _____ Sampai bertemu

See you soon _____ Sampai bertemu nanti

See you another time _____ Sampai bertemu di lain waktu

Sweet dreams _____ Mimpi indah

Good night _____ Selamat tidur

All the best _____ Sukses!

Have fun _____ Selamat bersenang-senang

Have a nice vacation _____ Selamat berlibur

Bon voyage/ _____ Selamat jalan
  Have a good trip

Thank you, _____ Sama-sama
  the same to you

Give my regards to..._____ Tolong sampaikan salam saya kepada...

Say hello to..._____ Salam buat...

.2 How to ask a question

Who? _____ Siapa?

Who's that?/Who is it?/ ____ Siapa itu?/Siapa ini?/Siapa di sana?
  Who's there?

What? _____ Apa?

What is there to see? _____ Ada apa saja di sana?

What category _____ Apa kategori hotel ini?
  of hotel is it?

Where? (location) _____ Di mana?

Where's the bathroom?____ Di mana kamar mandi?

Where? (direction) _____ Ke mana?

Where are you going? _____ Ke mana Anda akan pergi?

Where are you from? _____ Dari mana Anda berasal?

Courtesies

How far is that? _____	Berapa jauhnya?
How long does that take? __	Berapa lama diperlukan?
How long is the trip? _____	Berapa lama perjalanan ini?
How much? _____	Berapa harganya?
How much is this? _____	Berapa harga ini?
What time is it now? _____	Jam berapa sekarang?
Which one(s)? _____	Yang mana?
Which glass is mine? _____	Mana gelas saya?
When? _____	Kapan?
When are you leaving? ____	Kapan Anda akan pergi?
Why? _____	Mengapa?/Kenapa?
Could you...? _____	Bisa...?
Could you help me, _____ please?	Bisa tolong saya?
Could you show me, _____ please?	Bisa tolong tunjukkan itu?
Could you come _____ with me, please?	Bisa datang dengan saya?
Could you book me _____ some tickets, please?	Bisa tolong pesankan saya beberapa karcis?
Could you recommend ____ another hotel?	Bisa rekomendasikan hotel lain?
Do you know...? _____	Apa Anda tahu...?
Do you know whether...? __	Apa Anda tahu apakah...?
Do you have...? _____	Apa ada...?
Do you have a...for me? ___	Apa ada....untuk saya?
Do you have a _____ vegetarian dish, please?	Apa ada makanan vegetarian?
I would like... _____	Saya mau...
I'd like a kilo of apples, ____ please	Saya mau satu kilo apel
Can I/May I? _____	Bisa? Boleh?

Can/May I take this way? __ Bisa/boleh ambil ini?

Can I smoke here? _____ Boleh merokok di sini?

Could I ask _____ Boleh tanya sesuatu?
you something?

 .3 How to reply

Yes, of course_____ Ya, tentu saja

No, I'm sorry _____ Tidak, maaf

Yes, what can I do_____ Ya, apa yang bisa saya bantu?
for you?

Just a moment, please ____ Tunggu sebentar

No, I don't have _____ Tidak, saya tidak ada waktu sekarang
time now

No, that's impossible _____ Tidak, itu tidak mungkin

I think so/I think_____ Saya pikir begitu/Saya pikir itu sungguh
that's absolutely right   benar

I think so too/I agree _____ Saya pikir begitu juga/Saya setuju

I hope so too _____ Saya harap begitu pula

No, not at all/_____ Oh tidak/Pasti tidak
Absolutely not

No, one _____ Tidak seorangpun

Nothing _____ Tidak ada

That's right _____ Benar/Betul

Something's wrong _____ Ada yang salah

I agree/don't agree _____ Saya setuju/tidak setuju

OK/it's fine_____ Oke/tidak apa

OK, all right_____ Oke/baiklah

Perhaps/maybe _____ Mungkin/barangkali

I don't know _____ Saya tidak tahu

 .4 Thank you

Thank you _____ Terima kasih

You're welcome _____	Sama-sama
Thank you very much/_____ Many thanks	Terima kasih banyak/Banyak terima kasih
Very kind of you _____	Anda baik sekali
My pleasure _____	Dengan senang hati
I enjoyed it very much_____	Saya sangat menikmatinya
Thank you for... _____	Terima kasih untuk...
You shouldn't have/_____ That was so kind of you	Anda baik benar/Anda sangat baik
Don't mention it! _____	(Terima kasih) kembali!
That's all right _____	Tidak apa

🔵 .5 Sorry

Sorry _____	Maaf
I'm sorry _____	Maafkan saya
I'm sorry, I didn't _____ know that...	Maaf, saya tidak tahu bahwa...
I didn't mean it/ _____ It was an accident	Maksud saya tidak begitu/ Itu tidak sengaja
That's all right _____	Jangan kawatir
Never mind/Forget it _____	Tidak apa-apa/Lupakan saja
It could happen to_____ anyone	Bisa terjadi pada siapapun

🔵 .6 What do you think?

Which do you prefer/_____ like best?	Apa yang Anda lebih suka/Apa yang paling Anda suka?
What do you think? _____	Bagaimana menurut Anda?
Don't you like dancing?_____	Anda suka berdansa, kan?
I don't mind _____	Tidak apa-apa
Well done! _____	Hebat!
Not bad _____	Lumayan

22

Great! _____	Sangat hebat!
Wonderful! _____	Hebat!
How lovely! _____	Sungguh menyenangkan!
I am pleased for you _____	Saya gembira untuk Anda/Saya senang...
I'm delighted to... _____	Saya sangat gembira...
I'm not very happy to... ___	Saya tidak suka...
It's really nice here! _____	Sungguh menyenangkan di sini!
How nice _____	Menyenangkan sekali!
How nice for you! _____	Alangkah menyenangkan...
I'm (not) very happy _____ with...	Saya (tidak) senang dengan...
I'm glad that... _____	Saya senang bahwa...
I'm having a great time... ___	Saya sangat menikmatinya...
I can't wait till tomorrow/ ___ I'm looking forward to tomorrow	Saya tidak bisa menunggu sampai besok/ Saya sangat menantikan besok
I hope it works out _____	Semoga itu berjalan baik
How awful! _____	Mengerikan sekali!
It's horrible _____	Menakutkan
That's ridiculous! _____	Ini menggelikan!/Ini aneh!
That's terrible! _____	Ini menjengkelkan!
What a pity/shame! _____	Sayang sekali!
How disgusting! _____	Alangkah menjijikkan!
What nonsense/How silly! _	Sungguh omong kosong!/ Sungguh bodoh!
I don't like it/them _____	Saya tidak suka ini/mereka
I'm bored to death _____	Saya setengah mati
I'm fed up _____	Saya jemu/bosan
This is no good _____	Ini tidak bagus
This is not what _____ I expected	Ini bukan yang saya harapkan

Conversation

3 .1 I beg your pardon?

I don't speak any/ _____ Saya tidak bisa bicara bahasa/
I speak a little...   Saya bicara sedikit...

I'm American _____ Saya orang Amerika

Do you speak English _____ Apa Anda bisa bicara bahasa Inggris?

Is there anyone who_____ Apa ada orang yang bisa bicara...?
speaks...?

I beg your pardon? _____ Maaf/Apa?

I (don't) understand _____ Saya (tidak) mengerti

Do you understand me? ___ Apa Anda mengerti?

Could you repeat that, _____ Bisa ulangi?
please?

Could you speak more_____ Bisa tolong bicara lebih pelan?
slowly, please?

What does that mean/ _____ Apa artinya?/Apa arti kata itu?
that word mean?

It's more or less_____ Kurang lebih sama seperti...
the same as...

Could you write that_____ Bisa tolong Anda tulis?
down for me, please?

Could you spell that _____ Bisa tolong Anda eja?
for me, please?

See also 1.8 Telephone alphabet

Could you point_____ Bisa tolong tunjuk di buku
that out in this phrase   ungkapan ini?
book, please?

Just a minute, _____ Sebentar, saya akan cari
I'll look it up

I can't find the word/ _____ Kata itu/kalimat itu tidak ada
the sentence

How do you say_____ Bagaimana mengatakannya dalam...?
that in...?

– Indonesian _____ – Bahasa Indonesia

– Javanese _____ – Bahasa Jawa

– Balinese _____ – Bahasa Bali

How do you pronounce____ Bagaimana mengucapkannya?
that?

③.2 Introductions

May I introduce myself? ___ Boleh saya memperkenalkan diri?

My name's... _____ Nama saya...

I'm... _____ Saya...

What's your name?_____ Siapa nama Anda?

May I introduce...? _____ Boleh saya memperkenalkan...?

This is my wife/ _____ Ini istri/suami saya
husband

This is my daughter/son ___ Ini anak perempuan/laki-laki saya

This is my mother/ _____ Ini ibu/bapak saya
father

This is my fiancée/fiancé __ Ini tunangan saya

This is my friend _____ Ini teman saya

How do you do? _____ Apa kabar?

Hi! _____ Hai!

Pleased to meet you_____ Senang bertemu dengan Anda

Where are you from? _____ Dari mana Anda berasal?

I'm American _____ Saya orang Amerika

What city do you live in? __ Di kota mana Anda tinggal?

In..., It's near... _____ Di..., dekat...

Have you been here _____ Apa sudah lama di sini?
long?

A few days _____ Beberapa hari

How long are you _____ Berapa lama akan menginap di sini?
staying here?

We're (probably) leaving___ Kami (mungkin) akan pulang besok/
tomorrow/in two weeks dalam dua minggu

Where are you staying? ___ Di mana Anda menginap?

26

I'm staying in a _____ hotel/guesthouse	Saya menginap di hotel/los
At a campsite _____	Di perkemahan
I'm staying with _____ friends/relatives	Saya menginap dengan tema
Are you here _____ on your own? Are you here with your family?	Apa Anda di sini sendirian? Apa Anda di sini dengan keluarga?
I'm on my own _____	Saya sendirian
I'm with my partner/_____ wife/husband	Saya dengan pasangan saya/istri saya/suami saya
– family _____	– dengan keluarga
– relatives _____	– dengan keluarga
– a friend/friends _____	– dengan seorang teman/teman-teman
Are you married? _____	Apa Anda sudah kawin/nikah?
Are you engaged? _____	Apa Anda sudah bertunangan?
Do you have a steady _____ boyfriend/girlfriend?	Apa anda ada pacar tetap?
That's none of your _____ business	Itu bukan urusan Anda
I'm married _____	Saya sudah kawin/nikah
I'm single _____	Saya belum kawin/nikah
I'm separated _____	Saya sudah pisah
I'm divorced _____	Saya sudah cerai
I'm a widow/widower _____	Saya janda/duda
I live alone/ _____ with someone	Saya tinggal sendirian/dengan seseorang
Do you have any _____ children/grandchildren?	Apa Anda punya anak/cucu?
How old are you? _____	Berapa umur Anda?
How old is he/she? _____	Berapa umur dia?
I'm...(years old) _____	Saya berumur...tahun
She's/he's...years old _____	Dia berumur...tahun

...o you do for a _____ ing?	Apa pekerjaan Anda?
I work in an office _____	Saya kerja di sebuah kantor
I'm a (school/university) ___ student	Saya pelajar/mahasiswa
I'm unemployed _____	Saya penganggur
I'm retired _____	Saya sudah pensiun
I'm on social security _____	Saya hidup dari tunjangan pemerintah
I'm a housewife _____	Saya ibu rumah tangga
Do you like your job? _____	Apa Anda suka pekerjaannya?
Most of the time! _____	Pada umumnya, ya!
Mostly I do, _____ but I prefer vacations	Pada umumnya, ya, tapi saya lebih suka liburan

3.3 Starting/ending a conversation

Could I ask you _____ something?	Boleh tanya sesuatu?
Excuse? Pardon me _____	Tolong ulangi? Maaf
Could you help me _____ please?	Bisa tolong saya?
Yes, what's the problem? __	Ya, apa masalahnya?
What can I do for you? ____	Apa yang bisa dibantu?
Sorry, I don't have time ____ now	Maaf, saya tidak punya waktu sekarang
Do you have a light? _____	Boleh pinjam korek api?
May I join you? _____	Boleh gabung dengan Anda?
Could you take a _____ picture of me/us?	Bisa tolong ambilkan foto saya/kami?
Leave me alone! _____	Saya mau sendirian!
Get lost! _____	Pergilah!
Go away or I'll scream_____	Pergi atau saya akan berteriak

.4 Congratulations and condolences

Happy birthday/ _____ Selamat ulang tahun/Semoga berbahagia
Many happy returns

Please accept my _____ Saya turut berduka cita
condolences

My deepest sympathy _____ Dukacita mendalam saya

 .5 A chat about the weather

See also 1.5 The weather

It's so hot/cold today! _____ Panas sekali/dingin sekali hari ini!

Isn't it a lovely day? _____ Hari yang indah ya?

It's so windy/_____ Sangat berangin/betul-betul badai!
what a storm!

All that rain! _____ Benar-benar hujan!

It's so foggy! _____ Sangat berkabut!

Has the weather been _____ Apa cuaca sudah lama seperti ini?
like this for long here?

Is it always this hot/ _____ Apa selalu panas/dingin seperti ini
cold here? di sini?

Is it always this dry/ _____ Apa selalu kering/lembab di sini?
humid here?

.6 Hobbies

Do you have any _____ Apa Anda punya hobi?
hobbies?

I like knitting/reading/ _____ Saya suka merajut/membaca/fotografi
photography

I enjoy listening to music __ Saya suka dengar musik

I play the guitar/piano _____ Saya bisa main gitar/piano

I like the cinema _____ Saya suka nonton filem

I like traveling/ _____ Saya suka jalan-jalan/berolah raga/
playing sports/going memancing
fishing/going for a walk

Conversation

Conversation

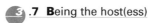 **.7 B**eing the host(ess)

See also 4 Eating out

Can I offer you a drink? ____ Boleh saya belikan minuman?

What would you like _____ Anda mau minum apa?
to drink?

Something _____ Minta yang bukan alkohol
non-alcoholic, please.

Would you like a _____ Anda mau rokok/cerutu?
cigarette/cigar?

I don't smoke _____ Saya tidak merokok

.8 Invitations

Are you doing anything ___ Apa Anda ada acara nanti malam?
tonight?

Do you have any plans ____ Apa Anda ada rencana hari ini/
for today/this afternoon/ siang ini/malam ini?
tonight?

Would you like to go _____ Apa Anda mau jalan-jalan dengan saya?
out with me?

Would you like to go _____ Apa Anda mau pergi dansa dengan saya?
dancing with me?

Would you like to have ____ Apa Anda mau makan siang/
lunch/dinner with me? malam dengan saya?

Would you like to come ___ Apa Anda mau pergi ke pantai dengan
to the beach with me? saya?

Would you like to come ___ Apa Anda mau pergi ke kota dengan
into town with us? saya?

Would you like to come ___ Apa Anda mau bertemu teman-teman
and see some friends dengan kami?
with us?

Shall we... _____ Mau...

– dance? – dansa?

– sit at the bar? _____ – duduk di bar?

– get something to drink? __ – pesan minuman?

– go for a walk/drive?_____ – berjalan-jalan/jalan-jalan naik mobil?

Yes, all right _____ Ya, baiklah

Good idea _____ Ide bagus

No (thank you) _____ Tidak, terima kasih

Maybe later_____ Mungkin nanti

I don't feel like it _____ Saya tidak mau

I don't have time _____ Saya tidak punya waktu

I already have a date _____ Saya sudah ada kencan

I'm not very good at_____ Saya tidak pandai dansa/main bola voli/
dancing/volleyball/   berenang
swimming

3 .9 Paying a compliment

You look great! _____ Anda tampak rapi sekali(m.)/
cantik sekali(f.)!

I like your car! _____ Saya suka mobilnya

You are very nice_____ Anda begitu baik

What a good boy/girl _____ Sungguh anak baik

You're a good dancer! _____ Anda berdansa dengan baik!

You're a very good cook ___ Anda pandai masak

You're a good soccer _____ Anda pemain sepak bola yang baik!
player!

3 .10 Intimate comments/questions

I like being with you_____ Saya (aku) suka bersama kamu

I've missed you so much ___ Saya (aku) sudah rindu sekali dengan
kamu

I dreamt about you_____ Saya (aku) memimpikan kamu

I think about you all day ___ Saya (aku) memikirkan kamu sepanjang
hari

You have such a sweet _____ Senyum kamu sangat manis
smile

You have such beautiful ___ Mata kamu sangat indah
eyes

I'm fond of you _____ Saya (aku) suka kamu

I'm in love with you _____ Saya (aku) jatuh cinta dengan kamu

Conversation

I'm in love with you too ___	Saya (aku) juga jatuh cinta sama kamu
I love you _____	Saya (aku) mencintai kamu
I love you too _____	Saya (aku) mencintaimu juga
I don't feel as strongly ___ about you	Saya tidak punya perasaan cinta dengan Anda
I already have a _____ boyfriend/girlfriend	Saya sudah ada pacar
I'm not ready for that ___	Saya belum siap untuk itu
I don't want to rush ___ into it	Saya tidak mau buru-buru
Take your hands off me ___	Tolong jangan sentuh saya
Okay, no problem _____	Baiklah, tidak apa-apa
Will you spend _____ the night with me?	Mau habiskan malam ini bersamaku?
I'd like to go to bed ___ with you	Saya (aku) mau tidur dengan kamu
Only if we use a _____ condom	Hanya kalau pakai kondom
We have to be careful ___ about AIDS	Kita harus hati-hati dengan AIDS
That's what they all say ___	Itu yang saya mau
We shouldn't take any ___ risks	Sebaiknya jangan ambil resiko
Do you have a condom? ___	Apa ada kondom?
No? Then the _____ answer's no	Tidak ada? Tidak, kalau begitu

3.11 Arrangements

When will I see _____ you again?	Kapan bisa bertemu lagi?
Are you free over the ___ weekend?	Apa kamu bebas akhir minggu?
What's the plan, then? ___	Jadi apa rencananya?
Where shall we meet? ___	Di mana sebaiknya bertemu?
Will you pick me/us up? ___	Mau jemput saya/kami?

Shall I pick you up? _____ Mau dijemput?

I have to be home by... _____ Saya harus pulang sebelum...

I don't want to see _____ Saya tidak mau bertemu kamu lagi
you anymore

③ .12 Saying good-bye

Can I take you home? _____ Boleh saya antar pulang?

Can I write/call you? _____ Boleh saya mengirim surat/menelepon?

Will you write/call me? ____ Anda mau berkirim surat/menelepon?

Can I have your _____ Boleh minta alamat/nomor teleponnya?
address/phone number?

Thanks for everything _____ Terima kasih atas semuanya

It was a lot of fun _____ Itu sangat menyenangkan

Say hello to... _____ Salam ke...

All the best _____ Sukses ya!

Good luck! _____ Sukses!

When will you be back? ___ Kapan kembalinya?

I'll be waiting for you_____ Aku akan menunggu

I'd like to see you again ___ Aku mau ketemu lagi

See you later _____ Sampai jumpa

I hope we meet _____ Semoga bisa cepat bertemu lagi
again soon

Here's our address._____ Ini alamat kami. Bila Anda pergi ke
If you're ever in the   Amerika Serikat...
United States...

You'd be more than _____ Anda ditunggu dengan senang hati
welcome

Conversation

4

Eating out

Eating out

● **Eating out in Indonesia** is an enjoyable experience whether you are interested in sampling local, regional or international cuisine. In major cities and tourist destinations such as Jakarta and Bali, French, Chinese, Korean, Japanese and Italian food is readily available in restaurants and hotels. Fast-food chains such as McDonald's and KFC also have many outlets in cities and larger towns.

Rice is the staple food throughout Indonesia and is eaten by locals with every meal. Breakfast (*sarapan*) generally consists of coffee (either black or with milk), and *nasi goreng* (fried rice) or *bubur ayam* (chicken and rice porridge). Lunch (*makan siang*), eaten between 1 and 2.30 pm, includes a hot dish and is considered the most important meal of the day. Lunch and dinner usually consist of three dishes: rice, a main dish of meat or fish, and vegetables or salad or fruit.

Meat and vegetables are cut into small pieces before cooking, and are served in a spicy sauce with rice on plates or bowls placed on the table or, in humbler dwellings, on a mat on the floor. Visitors can also sample Indonesian specialties such as *sate*, *rendang* and *gado gado* from vendors including street carts known as *kaki lima* and market stalls called *warung*. Restaurants range from cheap local outlets called *rumah makan* (eating houses) and *depots* to *restorans*, which are generally more up-market.

4 .1 **O**n arrival

I'd like to reserve a table for seven o'clock, please?	Tolong, saya mau pesan meja untuk jam tujuh (malam)
A table for two, _____ please	Meja untuk dua orang
We've/we haven't _____ reserved	Kami sudah/belum pesan
Is the restaurant open _____ yet?	Apa restoran/rumah makannya sudah buka?
What time does the _____ restaurant open/close?	Jam berapa restorannya buka/tutup?
Can we wait for a _____ table?	Bisa kami menunggu meja?
Do we have to wait long? __	Apa kami harus tunggu lama?
Is this seat taken? _____	Apa kursi ini kosong?
Could we sit here/there? ___	Boleh kami duduk dekat jendela?
Can we sit by the _____ window?	Boleh kami duduk di sini/di sana?
Are there any tables_____ outside?	Apa ada meja di luar?

Do you have another _____ chair for us?	Apa ada kursi tambahan?
Do you have a highchair? __	Apa ada punya kursi tinggi?
Is there a socket for _____ this bottle-warmer?	Apa ada stop kontak untuk memanaskan botol ini?
Could you warm up _____ this bottle/jar for me?	Bisa tolong panaskan botol ini di microwave?
Not too hot, please _____	Tolong jangan terlalu panas
Is there somewhere _____ I can change the baby's diaper?	Apa ada tempat ganti popok bayi di sini?
Where are the restrooms? _	Di mana kamar kecil?

Apa Anda sudah pesan tempat? _____	Do you have a reservation?
Atas name siapa? _____	What name, please?
Silakan _____	This way, please
Meja ini telah dipesan _____	This table is reserved
Meja kosong siap lima belas menit lagi	We'll have a table free in fifteen minutes
Apa Anda mau menunggu? _____	Would you mind waiting?

4 .2 Ordering

Waiter/Waitress! _____	Pelayan!/Mas! (m.)/ Mbak!(f.)
Madam! _____	Nyonya!
Sir! _____	Tuan!
We'd like something to ___ eat/a drink	Kami mau pesan makanan/minuman
Could I have a quick_____ meal?	Bisa saya dapatkan makanan cepat saji?
We don't have much time__	Kami tidak punya waktu banyak
We'd like to have a _____ drink first	Kami mau minuman dulu
Could we see the_____ menu/drinks list, please?	Boleh lihat menunya/daftar minumannya?
Do you have a menu _____ in English?	Apa ada menu bahasa Inggris?

Do you have a dish of _____ the day/a tourist menu?	Apa ada makanan spesial hari ini/ menu untuk turis?
We haven't made a_____ choice yet	Kami belum selesai memilih
What do you_____ recommend?	Apa saran Anda?
What are the specialities/ __ your specialities?	Apa kekhasan tempat ini/Apa makanan spesial restoran ini?
I like watermelon_____	Saya suka buah semangka
I don't like meat/fish_____	Saya tidak suka daging/ikan
What's this? _____	Apa ini?
Does it have...in it? _____	Apa ada...di dalamnya?
Is it stuffed? _____	Isinya apa?
What does it taste like? ____	Rasanya seperti apa?
Is this a hot or a_____ cold dish?	Apa ini makanan panas atau dingin?
Is this sweet? _____	Apa ini manis?
Is this hot/spicy? _____	Apa ini pedas/berbumbu?
Do you have anything _____ else, by any chance?	Apa mungkin ada yang lain kalau ada?
I'm on a salt-free diet_____	Saya tidak makan garam
I can't eat pork _____	Saya tidak makan (daging) babi
I can't have sugar _____	Saya tidak pakai gula
I'm on a fat-free diet_____	Saya tidak makan makanan berlemak
I can't have spicy food_____	Saya tidak makan makanan pedas
We'll have what those _____ people are having	Kami mau pesan makanan seperti orang itu
I'd like... _____	Saya mau...
We're not having...dish ____	Kami tidak mau pesan makanan...
Could I have some _____ more rice, please?	Boleh minta tambah nasi?
Could I have another _____ bottle of water, please?	Boleh minta satu botol air lagi?

Could I have another _____ Boleh minta satu porsi dari…
portion of…, please?

Could I have the _____ Bisa minta garam dan merica?
salt and pepper, please?

Could I have a napkin _____ Boleh minta serbet makan?
please?

Could I have a _____ Boleh minta satu sendok teh?
teaspoon, please?

Could I have _____ Boleh minta asbak?
an ashtray, please?

Could I have some _____ Boleh minta korek api?
matches, please?

Could I have some _____ Boleh minta tusuk gigi?
toothpicks, please?

Could I have a glass _____ Boleh minta segelas air putih?
of water, please?

Could I have a _____ Boleh minta satu sedotan?
straw, please?

Enjoy your meal/_____ Selamat makan/Selamat menikmati!
Bon appetit

You too! _____ Anda juga!

Cheers! _____ Cheers!

The next round's on me ___ Saya giliran berikutnya

Could we have a doggy ___ Boleh minta ini dibungkus?
bag, please?

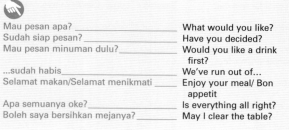

Mau pesan apa? _____ What would you like?
Sudah siap pesan? _____ Have you decided?
Mau pesan minuman dulu? _____ Would you like a drink
first?
…sudah habis _____ We've run out of…
Selamat makan/Selamat menikmati ___ Enjoy your meal/ Bon
appetit
Apa semuanya oke? _____ Is everything all right?
Boleh saya bersihkan mejanya? _____ May I clear the table?

4.3 **T**he bill

See also 8.2 Settling the bill

How much is this dish? ____ Berapa harga makanannya?

Could I have the bill, _____ Tolong, bisa minta rekeningnya?
please?

All together _____ Semuanya

Everyone pays separately__ Kami bayar sendiri-sendiri

Could we have the menu __ Boleh lihat menunya lagi?
again, please?

The...is not on the bill _____ ...tidak ada dalam rekening

4.4 **C**omplaints

It's taking a very _____ Lama sekali
long time

We've been here an _____ Kami sudah satu jam di sini
hour already

This must be a mistake ____ Pasti ada kesalahan

This is not what I_____ Ini bukan yang saya pesan
ordered

I ordered..._____ Saya sudah pesan...

There's a dish missing_____ Satu makanan tidak ada

This is broken/not clean ___ Ini rusak/kotor

The food's cold _____ Makanannya dingin

The food's not fresh _____ Makanannya tidak segar

– too salty/sweet/spicy_____ Makanannya terlalu asin/manis/pedas

The meat's not rare _____ Dagingnya tidak mentah

The meat's overdone _____ Dagingnya hangus

The meat's tough _____ Dagingnya masih keras

The meat has gone bad ___ Dagingnya sudah bau

Could I have something ___ Boleh minta ganti yang lainnya?
else instead of this?

The bill is not right _____ Jumlah rekeningnya salah

Eating out

We didn't have this _____ Kami tidak pesan ini

There's no toilet paper in __ Tidak ada tisu WC di kamar kecil
the restroom

Will you call the _____ Bisa tolong panggilkan manajer?
manager, please?

 .5 Paying a compliment

That was a wonderful _____ Makanannya sangat lezat
meal

The food was excellent _____ Makanannya enak sekali

The...in particular was _____ Terutama makanan..., sangat lezat
delicious

 .6 The menu

ayam **chicken**	lauk/sayur **side dishes/ vegetables**	pajak pelayanan (termasuk) **service charge (included)**
buah **fruit**	makanan kecil **starter/snacks**	pajak tambahan **cover charge**
daging **meat**	makanan pembuka **first course**	roti **bread**
es krim **ice cream**	makanan utama **main course**	rujak **mixed fruit salad**
ikan **fish**	menu istimewa **specialties**	salad **salad**
kambing **goat**	mi **noodles**	sambal **chili sauce**
kue/puding **cakes/desserts/ puddings**	nasi putih **steamed rice**	sayuran **vegetables**
kerupuk udang/ikan **prawn/fish crackers**	pajak **tax**	sup/sop/soto **soup**

 .7 Drinks and dishes

Drinks

● **It is wise** to be cautious about what you drink in Indonesia. Tap water is generally unsafe to drink without boiling first, and it is best to avoid ice in more isolated areas. Restaurants and hotels will often provide a jug of boiled water with a meal. Soft drinks, bottled water and alcohol are widely available throughout Indonesia. Anker and Bintang are the most popular local beers. Tea and coffee are served throughout the country, though it is often difficult to obtain fresh milk.

Fruit

● **Tropical fruits** are abundant and delicious in Indonesia and should not be missed. They include the *belimbing*, a crisp, yellow, star-shaped fruit; the *duku*, a small, brown-skinned fruit with sweet white flesh; the *durian*, famous for its distinctive aroma; the *jambu klutuk* or guava; the many varieties of *mangga* or mangoes; and of course the *rambutan*, a hairy red fruit which is similar in taste to the lychee.

Alphabetical list of the most popular Indonesian dishes

Bakar: charcoal-grilled marinated chicken (*ayam bakar*) or fish (*ikan bakar*).

Balado: fried seasoned sun-dried meat or eggs with spicy coating.

Bubur ayam: a chicken and rice porridge traditionally served for breakfast, though now available throughout the day in many hotel restaurants.

Capcay: mixed stir-fried vegetables with meat, chicken and fish.

Gado-gado: steamed vegetable salad (cabbage, green bean or long bean), sweetcorn, hard-boiled eggs, tofu, fried potato and crackers served with peanut sauce dressing.

Goreng: deep-fried marinated chicken (*ayam goreng*), fish (*ikan goreng*) or meat (*empal goreng*).

Gulai: Indonesian-style chicken (*gulai ayam*), beef (*gulai daging*), goat (*gulai kambing*), fish (*gulai ikan*) or vegetable (*gulai sayur*) curry.

Mi goreng: fried noodles with meat and vegetables.

Nasi goreng: this fried rice is as common as bread is in European households, often combined with chicken, shrimp or meatballs and topped with fried egg, cucumber and tomato.

Nasi rames: a rice platter consisting of chicken, beancurd and vegetables.

Rendang: dry beef curry.

Rijsttafel: rice table, an Indonesian-Dutch mixture consisting of a variety of meats, fish, vegetables and curries such as *sate*, *ayam goreng*, etc.

Sate: comprises cubes of charcoal-grilled chicken, beef or mutton served with a spicy sauce of peanut, soy, chilli and garlic and garnished with cucumber pickles.

Soto: a tasty yellow soup that can be made with chicken (*soto ayam*) and bean sprouts, vermicelli, cabbage and fried potato on top, or with beef (*soto daging*) or intestines (*jeroan*). In some parts of Indonesia coconut milk is added to produce a thicker soup.

4

Eating out

5

On the road

On the road

5 .1 **A**sking for directions

Excuse me, could I ask you something?	Permisi, boleh tanya sesuatu?
I've lost my way	Saya tersesat
Is there a...around here?	Apa ada...di sekitar sini?
Is this the way to...?	Apa ini jalan ke...?
Could you tell me how to get to...?	Bisa tolong beritahu bagaimana cara ke...?
What's the quickest way to...?	Bagaimana jalan paling cepat ke...?
How many kilometers is it to...?	Berapa kilometer ke...?
Could you point it out on the map?	Bisa tunjukkan itu di peta?

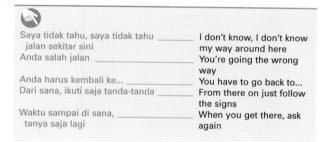

Saya tidak tahu, saya tidak tahu jalan sekitar sini	I don't know, I don't know my way around here
Anda salah jalan	You're going the wrong way
Anda harus kembali ke...	You have to go back to...
Dari sana, ikuti saja tanda-tanda	From there on just follow the signs
Waktu sampai di sana, tanya saja lagi	When you get there, ask again

bangunan **the building**	jalan raya **the road/street**	penyeberangan jalan kereta api **the grade crossing**
Belok kanan **Turn right**	jembatan **the bridge**	sungai **the river**
Belok kiri **Turn left**	jembatan penyeberangan **the overpass**	tanda arah ke **the signs pointing to**
di persimpangan **the intersection/ crossroads**	lampu lalu lintas **the traffic light**	tanda berikan jalan **the yield sign**
di sudut **at the corner**	Lurus **Go straight ahead**	tanda panah **the arrow**
Ikuti/terus **follow**	Menyebrang **Cross**	terowongan **the tunnel**

43

On the road

area parkir resmi	jalan bergelombang	pekerjaan jalan
parking disk (compulsory)	**rough road**	**road works**
awas tanah longsor	jalan ditutup	pelan-pelan
beware, falling rocks	**road closed**	**slow down**
bahaya/berbahaya	jalan licin	penyeberangan jalan
danger(ous)	**slippery when wet**	**kereta api**
banyak anak-anak	jalan menyempit	**grade crossing**
children	**road narrows**	perempatan/
berhenti	jalan mobil	persimpangan
stop	**driveway**	**intersection/ crossroads**
bunderan	jalan satu arah	pindah jalur
traffic circle	**one way traffic**	**change lanes**
dilarang belok	jalan tertutup	pompa bensin
no right/left turn	**road blocked/closed**	**service station**
dilarang masuk	jalur darurat	satu arah
no entry	**emergency lane**	**one way**
dilarang masuk/ bukan jalan umum	kecepatan maksimum	setopan di depan
no access/no pedestrian access	**maximum speed**	**traffic signal ahead**
dilarang masuk/	keluar	tempat
dilarang parkir	**exit**	penyebrangan
no passing/no parking	kembali/salah jalan	**traffic island/ pedestrian walk**
dilarang memutar	**detour**	terowongan
no U-turn	kendaraan berat	**tunnel**
dilarang	**heavy trucks**	tetap di jalur
menghalangi	nyalakan lampu	**right of way**
do not obstruct	besar	tetap kanan/kiri
dilarang menumpang	**turn on headlights (in the tunnel)**	**keep right/left**
no hitchhiking	parkir khusus	tikungan
hati-hati	**paying carpark/ parking reserved for**	**curves**
beware	parkir khusus	uang tol
hujan pada...km	**supervised garage/ parking lot**	**toll payment**
rain for...kms	parkir meteran	
	parking for a limited period	

 .3 The car

See the diagram on page 47

● **Driving** can be a pleasant though challenging way of sightseeing in Indonesia. You will need an international driver's license and cars can easily be hired in the major tourist centers.

Indonesians drive on the left side of the road. Traffic in cities and towns can seem chaotic to tourists, and some towns have a complex system of one-way roads that can prove confusing. Larger vehicles, by virtue of their size, usually have the right of way, and cutting in front of others vehicle is not uncommon. Signposting can also be poor. Hitchhiking is uncommon and not recommended in Indonesia.

5.4 The gas station

● **Gas stations** in Indonesia are called *pompa bensin*, and gas is relatively cheap.

How many kilometers to the next gas station, please?	Berapa kilometer pompa bensin terdekat?
I would like...liters of..., please	Saya mau...liter
– super	– bensin super
– diesel	– disel/bensin
...rupiah worth of gas	bensin seharga...
Fill her up, please	Tolong diisi penuh
Could you check...?	Bisa tolong periksa...?
– the oil level	– olinya
– the tire pressure	– tekanan ban
Could you change the oil, please?	Bisa tolong ganti olinya?
Could you clean the windows/the windshield, please?	Bisa tolong bersihkan kaca mobilnya?
Could you wash the car, please?	Bisa tolong cuci mobilnya?

5.5 Breakdown and repairs

I've broken down! Could you give me a hand?	Mobil saya mogok! Bisa tolong bantu saya?
I've run out of gas	Bahan bakarnya habis
I've locked the keys in the car	Kuncinya tertinggal di dalam mobil
The car/motorcycle won't start	Mobil/sepeda motor ini tidak mau jalan
Could you contact the road service for me, please?	Bisa tolong hubungi layanan kerusakan mobil?
Could you call a garage for me, please?	Bisa tolong hubungi bengkel?

On the road

The parts of a car
(the diagram shows the numbered parts)

1	battery (car)	aki
2	rear light	lampu belakang
3	rear-view mirror	kaca spion belakang
	backup light	lampu tambahan
4	aerial	antena
	car radio	radio mobil
5	gas tank	tangki bensin
6	spark plugs	busi
	fuel pump	pompa bahan bakar
7	side mirror	kaca spion
8	bumper	bamper
	carburetor	karburator
	crankcase	engkol
	cylinder	silinder
	ignition	kunci kontak
	warning light	lampu sen
	generator	generator
	accelerator	pedal gas
	handbrake	rem tangan
	valve	katup/pentil
9	muffler	saringan
10	trunk	bagasi mobil
11	headlight	lampu depan
	crank shaft	tangkai engkol
12	air filter	saringan udara
	fog lamp	lampu kabut
13	engine block	blok mesin
	camshaft	poros nok
	oil pump	pompa saringan
	dipstick	batang cedokan
	pedal	pedal
14	door	pintu
15	radiator	radiator
16	brake disc	keping rem
	spare wheel	roda cadangan
17	indicator	indikator
18	windshield	kaca depan mobil
	wiper	pembersih kaca mobil/wiper
19	shock absorbers	penahan tekanan
	sunroof	kap mobil
	spoiler	spoiler
20	steering column	batang setir/setiran
	steering wheel	roda setir
21	exhaust pipe	knalpot
22	seat belt	sabuk pengaman
	fan	kipas
23	distributor	distributor/pembagi arus
	cable	kabel
24	gear shift	roda persneling/roda gigi
25	windshield	kaca depan mobil
	water pump	

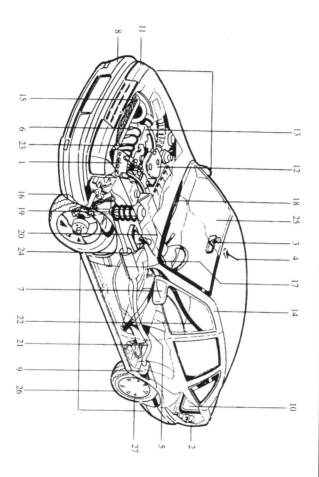

26	wheel	pompa air
27	hubcap	roda
	piston	dop roda
		pengisap/seher

Could you give me a lift to...?	Boleh minta tumpangan ke...?
– the nearest garage?	– bengkel terdekat?
– the nearest town?	– kota terdekat?
– to the nearest telephone booth?	– telepon umum terdekat?
– to the nearest emergency phone?	– telepon darurat terdekat?
Could you tow me to a garage?	Bisa tolong derek mobil saya ke bengkel?
There's probably something wrong with... (See pages 46–47)	Mungkin ada kerusakan dengan...
Can you fix it?	Bisa diperbaiki?
Could you fix my tire?	Bisa perbaiki ban saya?
Could you change this wheel?	Bisa ganti rodanya?
Can you fix it so it'll get me to...?	Bisa diperbaiki supaya saya bisa ke...?
Which garage can help me?	Bengkel yang mana dapat menolong saya?
When will my car/bicycle be ready?	Kapan mobil/sepeda/saya siap?
Have you already finished?	Apa sudah selesai?
Can I wait for it here?	Bisa ditunggu?
How much will it cost?	Berapa ongkosnya?
Could you itemize the bill?	Bisa tolong tulis perincian bonnya?
Could you give me a receipt for insurance purposes?	Bisa dapat kwitansi untuk asuransi?

5.6 The motorcycle/bicycle

See the diagram on page 51

● **Motorcycles and bicycles** can be rented throughout Indonesia and spare parts are usually available. Motorcyclists should have a license and it is illegal to ride without a helmet. Cycling in Indonesia can be dangerous, particularly on Java which is mountainous and where traffic is heavy.

Kami tidak punya onderdil untuk mobil/sepeda Anda	I don't have parts for your car/bicycle
Saya harus cari onderdil dari tempat lain	I have to get the parts from somewhere else
Saya harus pesan onderdil itu _____	I have to order the parts
Perlu waktu setengah hari _____	That'll take half a day
Perlu waktu satu hari _____	That'll take a day
Perlu waktu beberapa hari _____	That'll take a few days
Perlu waktu satu minggu _____	That'll take a week
Mobil anda tergores _____	Your car is a write-off
Ini tidak bisa dibetulkan _____	It can't be repaired
Mobil/sepeda motor/sepeda akan siap pada jam...	The car/motorbike/bicycle will be ready at...o'clock

5.7 Renting a vehicle

I'd like to rent a... _____ Saya mau sewa...

Do I need a special _____ Apa perlu izin khusus untuk itu?
license for that?

I'd like to rent the... _____ Saya ingin sewa...

– for a day _____ – untuk satu hari

– for two days _____ – untuk dua hari

How much is that per _____ Berapa per hari/per minggu?
day/week?

How much is the _____ Berapa uang depositnya?
deposit?

Could I have a receipt _____ Bisa minta bon depositnya?
for the deposit?

How much is the _____ Berapa biaya tambahan per kilometer?
surcharge per kilometer?

Does that include gas? _____ Apa sudah termasuk bensin?

On the road

The parts of a motorcycle/bicycle
(the diagram shows the numbered parts)

1	rear lamp	lampu belakang
2	rear wheel	roda belakang
3	luggage carrier	tempat bagasi
4	bicycle fork	rangka depan
5	bell	bel
	inner tube	tube bagian dalam
	tire	ban
6	peddle crank	pedal engkol
7	gear change	pengatur kecepatan
	wire	kabel
	generator	generator
8	chain	rantai
	chain guard	ketengkas
	odometer	odometer
	child's seat	jok/kursi anak
9	headlight	lampu depan
	bulb	lampu pijar depan
10	pedal	pedal
11	pump	pompa
12	reflector	lampu sen belakang
13	brake shoe	rem depan
14	brake cable	kabel rem
15	anti-theft device	alat anti maling
16	carrier straps	penyangga barang
	tachometer	tachometer
17	spoke	ruji
18	mudguard	slebor
19	handlebar	stang
20	chain wheel	bicyclette
	toe clip	roda rantai
21	rim	pelek
22	valve	pentil
23	gear cable	kabel kecepatan
24	fork	jeruji
25	front wheel	roda depan
26	seat	tempat duduk

On the road

5

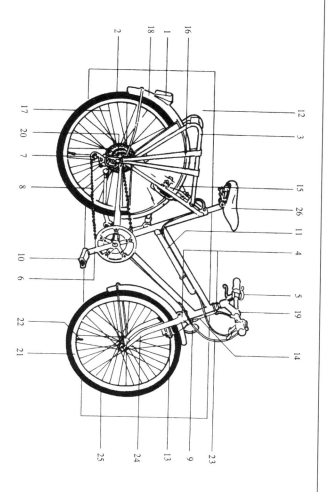

Does that include _____ insurance?	Apa sudah termasuk asuransi?
What time can I pick_____ the...up?	Jam berapa saya bisa ambil...?
When does the...have _____ to be back?	Kapan...harus dikembalikan?
Where's the gas tank? _____	Di mana tangki bensinnya?
What sort of fuel does _____ it take?	Apa bahan bakarnya ?

5 .8 Hitchhiking

Where are you heading?___	Ke mana Anda mau pergi?
Can you give me a lift? ____	Bisa beri saya tumpangan?
Can my boyfriend _____ come too?	Boleh teman saya ikut?
I'd like to go to... _____	Saya mau pergi ke...
Is that on the way to...? ____	Apa itu ke arah...
Could you drop me_____ off at...?	Bisa tolong turunkan saya di ...?
Could you drop me_____ off here?	Bisa saya turun di sini
– at the entrance to_____ the highway?	– di pintu masuk jalan tol?
– in the center? _____	– di pusat
– at the next intersection? _	– di persimpangan kemudian/selanjutnya?
Could you stop here, _____ please?	Bisa Anda berhenti di sini?
I'd like to get out here _____	Saya mau turun di sini
Thanks for the lift _____	Terima kasih untuk tumpangannya

On the road

6

Public transportation

Public transportation

6.1 In general

● **Buses** are the main form of public transportation in Indonesia and most areas are well serviced. Tickets can be booked through travel agents or at bus company offices, which are often located at bus depots in the center of town. Prices vary according to the quality of service, and buses range from *bis ekonomi* (which are cheap but often crowded and hot) to *bis pariwisata* (which are tourist buses with air conditioning and extra leg-room). Minibuses and converted pick-ups called *bemos* and *angkots* also operate on many routes.

Announcements

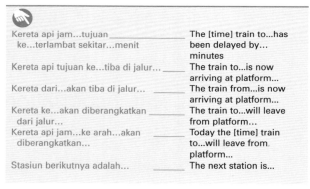

Kereta api jam...tujuan ke...terlambat sekitar...menit	The [time] train to...has been delayed by... minutes
Kereta api tujuan ke...tiba di jalur...	The train to...is now arriving at platform...
Kereta dari...akan tiba di jalur...	The train from...is now arriving at platform...
Kereta ke...akan diberangkatkan dari jalur...	The train to...will leave from platform...
Kereta api jam...ke arah...akan diberangkatkan...	Today the [time] train to...will leave from platform...
Stasiun berikutnya adalah...	The next station is...

Where does this train go to?	Ke mana kereta api ini pergi?
Does this boat go to...?	Apa kapal ini pergi ke...?
Can I take this bus to...?	Apa bisa naik bis ini ke..?
Does this train stop at...?	Apa kereta api ini berhenti di...?
Is this seat reserved?	Apa tempat ini kosong?
I've reserved...	Saya sudah pesan...
Could you tell me where I have to get off for...?	Bisa tolong beritahu di mana saya harus turun?
Could you let me know when we get to...?	Bisa tolong beritahu waktu sampai di...?
Could you stop at the next stop, please?	Bisa tolong berhenti di setopan berikutnya?

Where are we now? _____	Di mana sekarang?
Do I have to get off_____ here?	Apa saya harus turun di sini?
Have we already _____ passed...?	Apa kita sudah lewat...?
How long have I been _____ asleep?	Berapa lama saya tertidur?
How long does... _____ stop here?	Berapa lama kereta api ini berhenti di sini?
Can I come back on the____ same ticket?	Boleh kembali dengan karcis yang sama?
Can I change on this _____ ticket?	Bisa pindah/ganti kereta api dengan karcis ini?
How long is this ticket ____ valid for?	Berapa lama karcis ini berlaku?
How much is the_____ extra fare for the high speed train?	Berapa biaya tambahan untuk kereta api ekspres?

6.2 Immigration/customs

● **All visitors** to Indonesia must have a passport valid for at least six months from the date of arrival, as well as show a return or through ticket. For citizens of ASEAN countries and most western European countries, as well as America and Australia, visas are not required for a stay of up to 60 days. Travelers of other nationalities must obtain visas from an Indonesian embassy or consulate before entering the country. Visa-free entry cannot be extended beyond 60 days and employment is strictly forbidden.

Travelers are permitted a duty-free allowance of 2 liters of alcohol, 200 cigarettes and 50 cigars or 100g of tobacco. Each traveler may carry up to 50,000 rupiah into and out of the country, though this amount may be subject to change. There are no restrictions on foreign currency and traveler's checks. Drugs, firearms, pornography, TV sets, radio and cassette recorders are prohibited. Most visitors arrive by air and there is an airport tax for both international and domestic travel.

Paspor? _____	Your passport, please
Visa_____	Your visa, please
Surat-surat kendaraan _____	Your vehicle documents, please
Mau pergi ke mana? _____	Where are you heading?
Berapa lama akan tinggal? _____	How long are you planning to stay?

My children are entered ___ Anak saya termasuk di dalam paspor
on this passport

I'm traveling through _____ Saya dalam perjalanan

I'm going on vacation to...__ Saya akan liburan ke...

I'm on a business trip _____ Saya dalam perjalanan bisnis

I don't know how long_____ Saya belum tahu berapa lama akan
I'll be staying tinggal di sini

I'll be staying here for ____ Saya akan tinggal di sini selama akhir
a weekend minggu

I'll be staying here for ____ Saya akan tinggal di sini selama beberapa
a few days hari

I'll be staying here for ____ Saya akan tinggal di sini selama satu
a week minggu

I'll be staying here for ____ Saya akan tinggal di sini selama dua
two weeks minggu

I've got nothing to _____ Tidak ada yang mau/harus dilaporkan
declare

I have..._____ Saya ada...

– a carton of cigarettes ___ – satu slop rokok

– a bottle of... _____ – satu botol...

– some souvenirs _____ – beberapa cindera mata/
oleh-oleh/sovenir

These are personal _____ Ini barang-barang pribadi
effects

These are not new _____ Ini tidak baru

Here's the receipt _____ Ini kwitansinya

This is for private use ____ Ini untuk keperluan sendiri

How much import duty ____ Berapa biaya barang impor harus saya
do I have to pay? bayar?

May I go now? _____ Bisa pergi sekarang?

Public transportation

6

.3 Luggage

Porter! _____ Porter!/Mas!/Pak!

Could you take this_____ Bisa tolong bawa koper ini ke...?
luggage to...?

How much do I _____ Berapa ongkosnya?
owe you?

Where can I find a_____ Di mana bisa dapat troli barang?
luggage cart?

Could you store this_____ Bisa tolong simpan koper ini?
luggage for me?

Where are the luggage ____ Di mana loker kopernya?
lockers?

I can't get the locker_____ Saya tidak bisa buka lokernya
open

How much is it per item ___ Berapa biaya sewa barang per hari?
per day?

This is not my bag/_____ Ini bukan tas/koper saya
suitcase

There's one item/bag/ _____ Ada satu barang/tas/koper yang hilang
suitcase missing

My suitcase is damaged ___ Koper saya rusak

 .4 Questions to passengers

Ticket types

Kelas satu atau kelas dua?	First or second class?
Satu jalan atau pulang pergi?	Single or return?
Merokok atau tidak merokok?	Smoking or non-smoking?
Jendela?	Window or aisle?
Depan atau belakang?	Front or back?
Hanya tempat duduk atau kereta tidur?	Seat or berth?
Atas, tengah atau bawah?	Top, middle or bottom?
Ekonomi atau kelas satu?	Economy or first class?
Kabin atau tempat duduk?	Cabin or seat?
Untuk satu orang atau dua orang?	Single or double?
Untuk berapa orang?	How many are traveling?

Destination

Anda mau ke mana? _____	Where are you traveling?
Kapan Anda akan kembali? _____	When are you leaving?
...Anda berangkat pada ...(jam) _____	Your...leaves at...(time)
Anda harus pindah/ganti _____	You have to change
Anda harus turun di... _____	You have to get off at...
Anda harus pergi lewat/melalui... _____	You have to go via...
Perginya pada... _____	The outward journey is on...
Pulangnya/kembalinya pada... _____	The return journey is on...
Anda harus sudah naik pada jam... _____	You have to be on board by...(o'clock)

Inside the vehicle

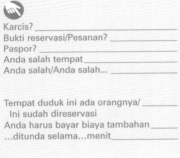

Karcis? _____	Tickets, please
Bukti reservasi/Pesanan? _____	Your reservation, please
Paspor? _____	Your passport, please
Anda salah tempat _____	You're in the wrong seat
Anda salah/Anda salah... _____	You have made a mistake/You are in the wrong...
Tempat duduk ini ada orangnya/ _____ Ini sudah direservasi	This seat is reserved
Anda harus bayar biaya tambahan _____	You'll have to pay extra
...ditunda selama...menit _____	The...has been delayed by...minutes

6 .5 Tickets

Where can I...? _____	Di mana bisa...?
– buy a ticket? _____	– beli karcis?
– reserve a seat? _____	– pesan tempat?
– reserve a flight? _____	– pesan pesawat?
Could I have...for... _____ please?	Bisa minta...untuk...?
A single to..., _____ please	Karcis satu jalan ke?
A return ticket, please _____	Karcis pulang pergi
first class _____	kelas satu
second class _____	kelas dua

economy class _____	kelas ekonomi
I'd like to reserve a _____ seat/berth/cabin	Saya mau pesan tempat/kereta tidur/ kabin
I'd like to reserve a top/____ middle/bottom berth in the sleeping car	Saya mau pesan tempat tidur di atas/ tengah/bawah di kereta tidur
smoking/no smoking _____	merokok/tidak merokok
by the window _____	dekat jendela
single/double _____	satu/dua
at the front/back_____	di depan/belakang
There are...of us_____	Kami ber...
We have a car_____	Kami ada satu mobil
We have a trailer _____	Kami ada satu trailer
We have...bicycles_____	Kami ada...sepeda
Do you have a..._____	Apa ada...
– travel card for 10 trips? __	– karcis perjalanan untuk sepuluh jalan?
– weekly travel card? _____	– karcis perjalanan mingguan?
– monthly season _____ tickets?	– karcis bulanan?
Where's...?_____	Di mana...?
Where's the information ___ desk?	Di mana meja penerangan?

.6 Information

Where can I find a_____ schedule?	Di mana bisa dapat jadwal?
Where's the...desk? _____	Di mana meja...
Where's the bus station?___	Di mana stanplat bis?
Do you have a city map____ with the bus routes on it?	Apa ada peta kota dengan rute bis?
Do you have a _____ schedule?	Apa ada jadwal?
Will I get my money_____ back?	Apa uang saya dapat dikembalikan?

I'd like to confirm/_____ cancel/change my reservation for/trip to...	Saya ingin konfirmasi/membatalkan/ merubah/pesanan.../perjalanan ke...
I'd like to go to... _____	Saya mau pergi ke...
What's the quickest_____ way to get there?	Bagaimana jalan paling cepat untuk ke sana?
How much is a_____ single/return to...?	Berapa harga karcis satu jalan/pulang pergi ke...?
Do I have to pay extra ____	Apa saya harus bayar ekstra/tambahan?
Can I break my_____ journey with this ticket?	Apa bisa pergi ke tempat lain dengan karcis ini?
How much luggage _____ am I allowed?	Berapa banyak koper diijinkan?
Is this direct train? _____	Apa ini kereta langsung?
Do I have to change? _____	Apa saya harus pindah/ganti?
Where?_____	Di mana?
Does the plane stop _____ anywhere?	Apa pesawatnya berhenti di mana-mana?
Will there be any_____ stopovers?	Apa akan ada tempat persinggahan?
Does the boat stop at_____ any ports on the way?	Apa kapal ini berhenti di pelabuhan lain dalam perjalanan?
Does the train/_____ bus stop at...?	Apa kereta/bis ini berhenti di...?
Where do I get off?_____	Di mana harus turun?
Is there a connection _____ to...?	Apa ada perjalanan lanjutan ke...?
How long do I have to _____ wait?	Berapa lama saya harus menunggu?
When does...leave?_____	Kapan...berangkat?
What time does the _____ first/next/last...leave?	Jam berapa yang pertama/kemudian/ terakhir berangkat?
How long does...take? ____	Berapa lama?
What time does...arrive____ in...?	Jam berapa...akan sampai di...?

| Where does the...to..._____ leave from? | Di mana...ke...berangkat? |
| Is this the train/_____ bus to...? | Apa kereta api/bis ini pergi ke...? |

 .7 Airplanes and ships

● **Flying** is a convenient means of travel within Indonesia. Fares are relatively low and airlines such as Garuda and Merpati fly to all major cities throughout the country. Tickets can be booked at airline offices or through travel agents. It is generally cheaper to purchase tickets within Indonesia rather than from home.

On arrival at an Indonesian airport (*bandara*), you will find the following signs:

| internasional **international** keberangkatan **departures** | kedatangan **arrivals** lapor **check-in** | penerbangan domestik/dalam negeri **domestic flights** |

The national shipping company PELNI operates modern passenger ships with sleeping berths, air conditioning and restaurants throughout the archipelago. Tickets can be booked at Pelni offices in most towns or through travel agents.

 .8 Trains

● **Train travel** in Indonesia is limited to Java and some areas of Sumatra. There are three classes: Executive, which is air-conditioned and has reclining seats; Business; and Economy, which can be over-crowded and run-down. It is advisable to book tickets well in advance through a travel agent.

 .9 Taxis

● **Metered taxis** operate in the major cities and tourist areas. If you take an unmetered taxi, you should negotiate a price before starting your journey. You can also hire a bicycle rickshaw or *becak* for shorter trips though these are now banned in central Jakarta.

| disewakan **for hire** | isi/ada orangnya **occupied** | pangkalan taksi **taxi stand** |

Public transportation

Taxi!	Taksi!
Could you get me a taxi, please?	Bisa tolong carikan taksi?
Where can I find a taxi around here?	Di mana bisa dapat taksi?
Could you take me to..., please?	Bisa tolong antar saya ke...?
Could you take me to this address, please?	Bisa tolong antar saya ke alamat ini?
– to the...hotel, please	– tolong ke hotel...
– to the town/city center, please	– tolong ke pusat kota
– to the station, please	– tolong ke stasiun
– to the airport, please	– tolong ke bandara/airport
How much is the trip to...?	Berapa ongkos perjalanan ke...?
How far is it to...?	Berapa jauh dari sini ke...?
Could you turn on the meter, please?	Bisa pasang/nyalakan argonya/meterannya?
I'm in a hurry	Saya sedang terburu-buru
Could you speed up/slow down a little?	Bisa tolong lebih cepat?/lebih pelan?
Could you take a different route?	Bisa ambil jalan lain?
I'd like to get out here, please	Saya mau turun di sini/Setop di sini
Go...	Ayo...
You have to go...here	Anda harus jalan...di sini
Go straight ahead	Lurus
Turn left	Belok kiri
Turn right	Belok kanan
This is it/We're here	Ini dia/Kita sudah sampai
Could you wait a minute for me, please?	Bisa tolong tunggu sebentar?

Overnight accommodation

Overnight accommodation

7.1 General

● **Overnight accommodations** in Indonesia are plentiful and varied. Hotels can range from luxury resorts in Jakarta and Bali to fairly basic guesthouses (or *losmen*), depending on your budget. Hotels are required to advertise room rates and will usually do so at the front door or at the reception desk. It is always worth bargaining over the price as many, particularly the more expensive ones, may be willing to offer 'discounts'. Most hotels will offer different rooms at different rates, depending on whether they have air conditioning or fans and private bathroom facilities.

Cheaper hotels and guesthouses in smaller towns will usually have 'squat' rather than western-style toilets, and feature a *mandi* (water tank) for bathing. Don't climb into the tank, but pour the water over yourself with a ladle.

Berapa lama akan menginap?	How long will you be staying?
Tolong isi formulir ini	Fill out this form, please
Boleh lihat paspornya?	Could I see your passport?
Kami perlu uang deposit	I'll need a deposit
Anda harus bayar di muka	You'll have to pay in advance

My name is...	Nama saya...
I've made a reservation	Saya sudah pesan
How much is it per night/week/ month?	Berapa biaya per malam/minggu/bulan?
We'll be staying at least...nights/weeks	Kami akan menginap paling tidak selama .../malam/minggu
We don't know yet	Kami belum tahu
Do you allow pets (cats/dogs)?	Apa binatang peliharaan (kucing/anjing) dibolehkan?
What time does the door close?	Jam berapa pintu masuk ditutup?
Could you get me a taxi, please?	Bisa tolong carikan taksi?
Is there any mail for me?	Apa ada surat buat saya?

See the diagram on page 67

Anda bisa pilih lokasinya _____	You can pick your own site
Anda akan diberikan lokasi _____	You'll be allocated a site
Ini nomor tempat Anda _____	This is your site number
Tolong tempel ini di mobil Anda _____	Please stick this firmly to your car
Kartu ini tidak boleh hilang _____	You must not lose this card

Where's the manager?____ Di mana manajernya?

Are we allowed to_____ Apa kami boleh kemah di sini?
camp here?

There are...of us, and_____ Ada...orang, dan kami punya...tenda
we have...tents

Can we pick our_____ Boleh kami ambil lokasi kami?
own place?

Do you have a quiet _____ Apa ada lokasi tenang?
spot for us?

Do you have any other ____ Apa ada lokasi lain yang kosong?
sites available?

It's too windy/sunny/ _____ Ini terlalu berangin/panas/gelap di sini
shady here

It's too crowded here _____ Ini terlalu padat/ramai

The ground's too_____ Tanahnya terlalu keras/tidak rata
hard/uneven

Could we have _____ Boleh kami dapat lokasi yang
adjoining sites? berhubungan?

Can we park the car _____ Boleh kami parkir mobil di sebelah
next to the tent? tenda?

How much is it per _____ Berapa biaya per orang/tenda/rumah
person/tent/trailer/car? berkemah/mobil?

Do you have chalets _____ Apa ada penyewaaan kabin?
for hire?

Are there any...? _____ Ada...?

– hot showers?_____ – air panas?

7

Overnight accommodation

Camping/backpacking equipment
(the diagram shows the numbered parts)

	luggage space	ruang bagasi
	can opener	bukaan kaleng
	butane gas	gas butan
	bottle	botol
1	pannier	pannier
2	gas cooker	kompor gas
3	groundsheet	alas tenda
	hammer	palu
	hammock	ayunan
4	gas can	tabung gas
	campfire	api unggun
5	folding chair	kursi lipat
6	insulated picnic box	kotak piknik insulasi
	ice pack	tempat es
	compass	kompas
	corkscrew	kotrek
7	airbed	kasur angin
8	airbed pump	pompa kasur angin
9	awning	kerei
10	sleeping bag	karung tidur
11	saucepan	panci
12	handle (pan)	pegangan (panci)
	primus stove	kompor kemah
	lighter	korek api/geretan
13	backpack	tas ransel
14	guy rope	tali kemah
15	storm lantern	lentera
	camp bed	kasur kemping
	table	meja
16	tent	tenda
17	tent peg	pasak tenda
18	tent pole	cagak/gagang tenda
	thermos	termos
19	water bottle	botol air
	clothes pin	jepitan baju
	clothes line	jemuran
	windbreak	penahan angin
20	flashlight	lampu senter
	penknife	pisau lipat

Overnight accommodation

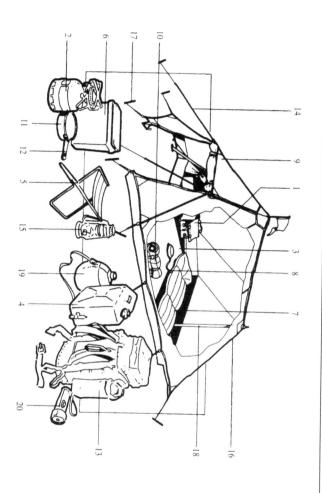

– washing machines?_____ – mesin cuci?

Is there a...on the site? ____ Apa ada...di lokasi?

Is there a children's _____ Apa ada taman bermain di lokasi?
play area on the site?

Are there covered _____ Apa ada perlengkapan masak tertutup
cooking facilities on the   di lokasi?
site?

Can I rent safe? _____ Bisa sewa tempat penitipan uang...?

Are we allowed to_____ Apa kami diijinkan barbeku di sini?
barbecue here?

Are there any power _____ Apa ada stop kontak?
outlets?

Is there drinking water?____ Apa ada air minum?

When's the garbage _____ Kapan sampahnya diambil?
collected?

Do you sell gas bottles ____ Apa ada jual tabung gas?
(butane gas/propane) gas?

7.3 Hotel/motel/guesthouse

Do you have a _____ Apa ada kamar sendiri/berdua yang
single/double room   kosong?
available?

per person/per room _____ per orang/per kamar

Does that include _____ Apa sudah termasuk makan
breakfast/lunch/dinner?   pagi/siang/malam?

Could we have two_____ Boleh kami dapat kamar yang
adjoining rooms?   berhubungan?

with/without toilet/bath/ ___ dengan/tanpa kamar kecil/kamar
shower   mandi/pancuran mandi

facing the street   menghadap jalan

at the back_____ di belakang

with/without sea view _____ dengan/tanpa pemandangan laut

Is there...in the hotel? _____ Apa ada...di hotel?

Is there an elevator in _____ Apa ada lift di hotel?
the hotel?

Overnight accommodation

Do you have room service?	Apa ada layanan kamar?
Could I see the room?	Boleh lihat kamarnya?
I'll take this room	Saya ambil kamar ini
We don't like this one	Kami tidak suka yang ini
Do you have a larger/less expensive room?	Apa ada kamar yang lebih besar/lebih murah?
Could you put in a cot?	Bisa tolong taruh tempat tidur anak?
What time's breakfast?	Jam berapa makan pagi?
Where's the dining room?	Di mana ruang makan?
Can I have breakfast in my room?	Boleh makan pagi di kamar ?
Where's the emergency exit/fire escape?	Di mana tangga darurat?
Where can I park my car (safely)?	Di mana bisa parkir mobil (dengan aman)?
The key to room... please	Silakan, kunci kamar nomor...
Could you put this in the safe, please?	Bisa tolong taruh ini di tempat penyimpanan...?
Could you wake me at...tomorrow?	Bisa tolong bangunkan saya pada jam...besok?
Could you find a babysitter for me?	Boleh minta selimut tambahan?
When do the cleaners come in?	Jam berapa petugas kebersihan datang?
When are the sheets/towels/dish towels changed?	Kapan seprei/handuk/handuk piring diganti?

Kamar kecil dan kamar mandi ada di tingkat sama/di dalam kamar	The toilet and shower are on the same floor/in the room
Silakan lewat jalan ini	This way, please
Kamar Anda di lantai...nomor...	Your room is on the...floor, number...

.4 Complaints

We can't sleep for _____ the noise	Kami tidak bisa tidur karena ribut
Could you turn the _____ radio down, please?	Bisa tolong kecilkan radionya?
We're out of toilet paper ___	Kami kehabisan kertas WC
There aren't any.../There's _ not enough...	Tidak ada.../Tidak ada cukup...
The bed linen's dirty _____	Seprei kasurnya kotor
The room hasn't been _____ cleaned	Kamarnya belum dibersihkan
The kitchen is not clean ___	Dapurnya tidak bersih
The kitchen utensils are ___ dirty	Peralatan dapurnya kotor
The air conditioning _____ isn't working	ACnya rusak
There's no (hot) _____ water/electricity	Tidak ada air (panas)/listrik
...doesn't work/is broken ___	...tidak bekerja/rusak
Could you have that _____ seen to?	Bisa tolong itu diperiksa juga?
Could I have another _____ room/camp site?	Bisa saya dapat kamar/lokasi lain?
The bed creaks terribly ____	Tempat tidurnya berkeriut sekali
The bed sags _____	Tempat tidurnya reot
Could I have a board _____ under the mattress?	Bisa minta papan di bawah kasur?
It's too noisy _____	Ini sangat berisik
There are a lot of_____ insects/bugs	Ada banyak serangga/kutu
This place is full_____ of mosquitos	Tempat ini banyak nyamuk
– cockroaches_____	– kecoa

Overnight accommodation

 **.5 D**eparture

See also 8.2 Settling the bill

I'm leaving tomorrow _____ Saya akan keluar besok

Could I pay my bill, _____ Bisa minta rekeningnya?
   please?

What time should we_____ Jam berapa harus keluar?
   check out?

Could I have my deposit/ __ Bisa minta kembali deposit/paspor saya?
   passport back, please?

We're in a big hurry _____ Kami sedang terburu-buru

Could you forward _____ Bisa teruskan surat saya ke alamat ini?
   my mail to this address?

Could we leave our_____ Boleh titip koper di sini sampai kami
   luggage here until we   pergi?
   leave?

Thanks for your _____ Terima kasih untuk keramah tamahannya
   hospitality

Overnight accommodation

Money matters

8

Money matters

● **Banks** are generally open 8.30 am to 2.30 pm, Mondays to Fridays. You may cash traveler's checks and change currencies at banks, hotels and money changers. Money changers usually have better rates and are open longer. Credit cards are widely accepted and cash advances are available from banks in cities. Outside the major cities, it is best to carry US currency and some Rupiah. Make sure you have some smaller notes as taxi drivers and stall holders are unable to change large notes.

.1 **B**anks

Where can I find a bank/ an exchange office around here?	Di mana bank/tempat penukaran uang di sini?
Where can I cash this traveler's check/giro check?	Di mana tempat penukaran cek perjalanan/cek giro?
Can I cash this...here?	Bisa uangkan...ini di sini?
Can I withdraw money on my credit card here?	Bisa tarik uang dari kartu kredit di sini?
What's the minimum/ maximum amount?	Berapa jumlah minimumnya/ maksimumnya?
Can I take out less than that?	Bisa ambil kurang dari itu?
I had some money cabled here	Saya punya sejumlah uang kiriman di sini
Has it arrived yet?	Apa sudah sampai?
These are the details of my bank in the US	Ini data bank saya di Amerika
This is the number of my bank/giro account	Ini nomor bank/rekening giro saya
I'd like to change some money	Saya mau tukar sejumlah uang
– pounds into...	– dari pound sterling ke dalam...
– dollars into...	– dari dolar ke dalam...
What's the exchange rate?	Berapa nilai tukarnya
Could you give me some small change with it?	Bisa tolong beri uang receh juga?
This is not right	Ini tidak benar

Tolong/silakan tandatangan di sini _____	Sign here, please
Tolong/silakan isi di sini_____	Fill this out, please
Boleh lihat paspor Anda? _____	Could I see your passport, please?
Boleh lihat kartu identitas Anda? _____	Could I see your identity card, please?
Boleh lihat kartu cek Anda? _____	Could I see your check card, please?
Boleh lihat kartu bank Anda? _____	Could I see your bank card, please?

8 .2 Settling the bill

Could you put it on_____ my bill?	Bisa masukkan ini ke rekening saya?
Is the tip included? _____	Apa persenannya/tipnya sudah termasuk?
Can I pay by...?_____	Bisa saya bayar dengan...?
Can I pay by credit card?___	Bisa bayar dengan kartu kredit?
Can I pay by traveler's _____ check?	Bisa bayar dengan cek perjalanan?
Can I pay with foreign _____ currency?	Bisa bayar dengan mata uang asing?
You've given me too _____ much/you haven't given me enough change	Kembaliannya terlalu banyak/ kembaliannya kurang
Could you check this _____ again, please?	Bisa tolong periksa ini lagi?
Could I have a receipt, _____ please?	Bisa minta kwitansinya?
I don't have enough _____ money on me	Saya tidak bawa cukup uang
This is for you _____	Ini untuk Anda
Keep the change _____	Ambil kembaliannya

Kami tidak terima kartu kredit/ _____ cek perjalanan/mata uang asing	We don't accept credit cards/traveler's checks/ foreign currency

Mail and telephone

9 Mail and telephone

9.1 Mail

For giros, see 8 Money matters

● **Postal services** are fairly efficient if slow in Indonesia. Post offices (*kantor pos*) are open from 8 am to 2 pm, Monday to Saturday. If a town does not have an official post office, it will have a postal agent which will often be open for extended hours. Letters and packages being sent overseas can be posted, insured and registered (*tercatat*) at any post office. Express service within Indonesia (*kilat*) and registered delivery within Indonesia (*kilat khusus*) are also available. Travelers may also check their email in the increasing number of cyber cafés throughout the country.

paket pos **parcels** perangko **stamps**	pos wesel **money orders**	telegram **telegrams**

Where is...?	Di mana...?
– the nearest post office?	– kantor pos paling dekat?
– the main post office?	– kantor pos pusat?
– the nearest mail box?	– kotak surat paling dekat?
Which counter should I go to...?	Loket yang mana...?
Which counter should I go to to send a fax?	Loket yang mana untuk kirim faks?
Which counter should I go to to change money?	Loket yang mana untuk tukar uang?
Which counter should I go to to change giro checks?	Loket yang mana untuk tukar cek giro?
Which counter should I go to to wire a money order?	Loket yang mana untuk kirim pos wesel?
Which counter should I go to for general delivery?	Loket yang mana untuk kiriman umum?
Is there any mail for me?	Apa ada surat untuk saya?
My name's...	Nama saya...

Stamps

What's the postage for _____ Berapa perangkonya untuk...ke...?
a...to...?

Are there enough _____ Apa perangkonya cukup?
stamps on it?

I'd like [quantity] _____ Saya minta perangko...sebanyak...
[value] stamps

I'd like to send this... _____ Saya mau kirim ini...

– express _____ – kilat

– by air mail _____ – pos udara

– by registered mail _____ – pos tercatat

Telegram/fax

I'd like to send a _____ Saya mau kirim telegram ke...
telegram to...

How much is that per _____ Berapa ongkos per katanya?
word?

This is the text I want_____ Ini beritanya
to send

Shall I fill out the form_____ Apa saya harus isi sendiri formulirnya?
myself?

Can I make photocopies/___ Bisa memfotokopi/ mengirim faks di sini?
send a fax here?

How much is it per _____ Berapa ongkos per halamannya?
page?

9 .2 Telephone

See also 1.8 Telephone alphabet

● **Indonesia** has an extensive telecommunications network and travelers can easily make international phone calls from public telephones throughout the country. These can accept either coins or phone cards.
  Towns usually have a communications center (*warpostel*) where travelers can make calls, send faxes and telexes and purchase phone cards. These centers are usually open for business from early in the morning to late at night.

Is there a phone booth _____ Apa ada telepon umum dekat sini?
around here?

May I use your phone, _____ please?	Boleh pinjam teleponnya?
Do you have a _____ (city/region) phone directory?	Apa ada buku telepon (kota/daerah)?
Where can I get a _____ phone card?	Di mana bisa beli kartu telepon?
Could you give me...? _____	Bisa minta...?
– the number for _____ international directory assistance?	– nomor bantuan direktori internasional?
– the number of room...? __	– nomor kamar...?
– the international _____ access code?	– kode akses internasional/kode negara tujuan?
– the...(country) code? _____	– kode negara...?
– the area code for...? _____	– kode wilayah untuk...?
– the number of _____ [subscriber]?	– nomor telepon...?
Could you check if this _____ number's correct?	Bisa tolong periksa apakah nomor ini benar?
Can I dial international _____ direct?	Bisa putar langsung nomor internasional?
Do I have to go through _____ the switchboard?	Apa harus melalui penghubung?
Do I have to dial '0' first? __	Apa saya harus putar nol dulu?
Do I have to reserve _____ my calls?	Apa saya harus pesan sambungan teleponnya?
Could you dial this _____ number for me, please?	Bisa tolong putar nomor ini?
Could you put me _____ through to extension..., please?	Bisa tolong sambungkan saya ke pesawat...?
I'd like to place a collect __ call to...	Saya mau 'collect call' ke...
What's the charge per _____ minute?	Berapa biaya per menitnya?
Have there been any _____ calls for me?	Apa ada telepon untuk saya?

The conversation

Hello, this is... _____ Halo, ini...

Who is this, please? _____ Siapa ini?

Is this...? _____ Apa ini...?

I'm sorry, I've dialed _____ Maaf, salah sambung
the wrong number

I can't hear you _____ Maaf, saya tidak bisa dengar

I'd like to speak to... _____ Saya mau bicara dengan...

Is there anybody who _____ Apa ada orang yang bisa bahasa Inggris?
speaks English?

Extension..., please _____ Tolong, pesawat nomor...

Could you ask him/ _____ Bisa tolong minta dia untuk hubungi saya
her to call me back? kembali?

My name's... _____ Nama saya...

My number's... _____ Nomor saya...

Could you tell him/her _____ Apa bisa beritahu dia bahwa saya
I called? menelepon?

I'll call him/her back _____ Saya akan menelepon dia lagi besok
tomorrow

Ada telepon untuk Anda _____	There's a phone call for you
Anda harus putar nol dulu _____	You have to dial '0' first
Mohon ditunggu _____	One moment, please
Tidak ada jawaban _____	There's no answer
Salurannya sibuk _____	The line's busy
Apa Anda mau tunggu? _____	Do you want to hold?
Anda sedang disambungkan _____	Connecting you
Anda salah sambung _____	You've got a wrong number
Dia sedang tidak di tempat _____	He's/she's not here right now
Dia akan kembali pada... _____	He'll/she'll be back at...
Ini mesin penjawab... _____	This is the answering machine of...

Shopping

10

Shopping

● **Shop opening hours** vary in Indonesia but there are always good bargains to be found. Most shops open from 9 am to 8 pm, Monday to Friday, and from 9 am to 1 pm on Saturday. Though Sunday is a rest day, some shops will open.

There are shopping centers throughout the cities and larger towns, and prices at these places and department stores will most likely be fixed. Market vendors and stall holders, however, will expect you to bargain. Start at 50–60% below the initial asking price. Once you have agreed on a price you must purchase the item.

ahli kacamata
optician
apotek
pharmacy
barang kulit
leather goods
barang pecah belah
household goods
bengkel sepeda
  motor dan sepeda
motorbike and
  bicycle repairs
binatu
laundry
biro pengetikan
typing agency
kebun pembibitan
nursery (plants)
pasar
market
pasar ikan/los ikan
fish market/fish shop
pasar loak
second-hand market
pasar swalayan
supermarket
pemangkas rambut
  pria
barber's
penata rambut
hairdresser
salon kecantikan
beauty salon
toko alat musik
musical instrument
  shop

toko alat tulis/kantor
stationery shop
toko ayam/los ayam
poultry shop
toko buah dan
  sayuran
fruit and vegetable
  shop
toko buku
book shop
toko bunga
florist
toko daging
butcher's
toko emas
jeweler's
toko es krim
ice cream shop
toko jam tangan
watches and clocks
toko kamera
camera shop
toko kelontong
grocery shop
toko koran
newsstand
toko kue
confectioner's/cake
  shop
toko mainan anak
toy shop
toko makanan
delicatessen
toko musik
music shop (CDs,
  tapes, etc)

toko obat/jamu
herbalist's shop
toko olah raga
sporting goods
toko pakaian
clothing shop
toko pakaian pria
menswear
toko parfum
perfumery
toko peralatan
  kemping
camping supplies
  shop
toko rokok
tobacconist
toko roti
bakery
toko sepatu
footwear
toko swalayan
department store
toko tekstil
household
  appliances (white
  goods)
toko tekstil
household linen
  shop
tukang sayur
greengrocer
tukang sepatu
cobbler

Where can I get...? _____ Di mana bisa dapat...?

When is this shop open?___ Kapan toko ini buka?

Could you tell me where __ Bisa tolong tunjukkan di mana bagian...
the...department is?

Could you help me, _____ Bisa tolong saya?
please?

I'm looking for..._____ Saya sedang mencari...

Do you sell English/ _____ Apa Anda menjual koran bahasa
American newspapers? Inggris/koran Amerika?

Apa Anda sedang dilayani?_____ **Are you being served?**

I'm just looking, if that's ___ Saya cuma lihat-lihat, kalau boleh
all right

Ada yang lain?_____ **Would you like anything else?**

Yes, I'd also like... _____ Ya, saya juga mau...

No, thank you, that's all____ Tidak, terima kasih, sudah semuanya

Could you show me...? ____ Bisa tolong tunjukkan...?

I'd prefer... _____ Saya lebih suka memilih...

This is not what I'm _____ Ini bukan yang saya cari
looking for

Not that, I'd like... _____ Bukan itu, saya mau...

Thank you, I'll keep_____ Terima kasih, saya akan coba cari terus
looking

Do you have _____ Apa ada yang...?
something...?

– less expensive?_____ – lebih murah?

– smaller? _____ – lebih kecil?

– larger? _____	– lebih besar?
I'll take this one _____	Saya ambil yang ini
Does it come with _____ instructions?	Apa ada petunjuknya?
It's too expensive _____	Ini terlalu mahal
I'll give you... _____	Saya akan beri...
Could you keep this _____ for me?	Bisa tolong pegang/simpan ini dulu?
I'll come back for it later ___	Saya akan balik lagi nanti
Do you have a bag for _____ me, please?	Apa ada tas?
Could you gift wrap it, _____ please?	Bisa tolong ini dibungkus seperti kado?

Maaf, kami tidak jual itu _____	I'm sorry, we don't have that
Maaf, sudah habis _____	I'm sorry, we're sold out
Maaf, tidak ada stok/persediaan_____ sampai...	I'm sorry, it won't come back in until...
Silakan bayar di kasir _____	Please pay at the cash register
Kami tidak terima kartu kredit_____	We don't accept credit cards
Kami tidak terima cek perjalanan_____	We don't accept traveler's checks
Kami tidak terima mata uang asing _____	We don't accept foreign currency

10 .2 Food

I'd like a hundred grams ___ of..., please	Saya minta satu ons...
I'd like half a kilo/five _____ hundred grams of...	Saya minta setengah kilo/lima ratus gram...
I'd like a kilo of... _____	Saya minta satu kilo...
Could you...it for me, _____ please?	Bisa tolong...?
– slice it/cut it up for me,___ please?	– dipotong-potong?
– peel it for me, please? ___	– dikupas?

Can I order it? _____ Bisa pesan?

I'll pick it up tomorrow/ ____ Saya akan ambil besok/pada...
at...

Can you eat/drink this? ____ Bisa dimakan/diminum?

What's in it? _____ Apa isi di dalamnya?

10 .3 Clothing and shoes

I saw something in the ____ Saya lihat barang di etalase
window

Shall I point it out? _____ Mau saya tunjukkan?

I'd like something to go____ Saya mau sesuatu yang cocok dengan ini
with this

Do you have shoes to _____ Apa ada sepatu yang cocok dengan ini?
match this?

I'm a size...in the U.S. _____ Ukuran Amerika saya...

Can I try this on? _____ Bisa dicoba?

Where's the fitting room? _ Di mana kamar pasnya?

It doesn't suit me_____ Ini tidak cocok

This is the right size _____ Ukurannya pas

It doesn't look good _____ Tidak kelihatan bagus untuk saya
on me

Do you have this/these ____ Apa ada ini di...?
in...?

The heel's too high/low ____ Tumitnya terlalu tinggi/rendah

Is this real leather? _____ Apa ini kulit asli?

I'm looking for a...for _____ Saya cari...untuk anak umur...
a...year-old child

I'd like a... _____ Saya mau...

– silk _____ – sutra

– cotton _____ – katun

– woolen _____ – wol

– linen_____ – linen

| At what temperature should I wash it? | Harus suhu berapa dicuci ? |
| Will it shrink in the wash? | Apa akan mengkerut waktu dicuci? |

| Cuci dengan mesin **Machine washable** | Dry clean/setum **Dry clean** | Jangan disetrika **Do not iron** |
| Cuci dengan tangan **Hand wash** | Harus ditaruh rata **Lay flat** | Jangan putar kering **Do not spin dry** |

At the cobbler/shoemaker

Could you mend these shoes?	Bisa tolong perbaiki sepatu ini?
Could you resole/reheel these shoes?	Bisa tolong pasangkan sol/tumit di sepatu ini?
When will they be ready?	Kapan selesainya?
I'd like..., please	Saya mau...
– a can of shoe polish	– sekaleng semir sepatu
– a pair of shoelaces	– sepasang tali sepatu

10 .4 Photographs and video

I'd like a film for this camera, please	Minta satu rol filem untuk kamera ini
I'd like a cartridge, please	Minta satu kaset filem
– a one twenty-six cartridge	– satu kaset filem isi dua puluh enam
– a slide film	– satu filem slide
– a movie cassette, please	– satu kaset filem
– a videotape	– satu kaset video
– color/black and white	– warna/hitam putih
– super eight	– super delapan
– 12/24/36 exposures	– isi duabelas/duaempat/tigapuluh enam
– ASA/DIN number...	– nomor ASA/DIN...

Problems

Could you load the film _____ Bisa tolong pasangkan filemnya?
for me, please?

Could you take the film _____ Bisa tolong keluarkan filemnya?
out for me, please?

Should I replace the _____ Harus ganti batereinya?
batteries?

Could you have a look _____ Bisa tolong periksa kamera saya?
at my camera, please?

It's not working _____ Ini macet

The...is broken _____ ...rusak

The film's jammed _____ Filemnya macet

The film's broken_____ Filemnya putus

The flash isn't working ____ Lampu kilatnya tidak bekerja

Processing and prints

I'd like to have this film _____ Saya mau cuci-cetak filem ini
developed/printed, please

I'd like...prints from each___ Saya mau...buah untuk tiap klise/negatif
negative

glossy _____ mengkilap/glosi

6x9_____ ukuran enam kali sembilan

I'd like to order reprints_____ Saya mau mencetak ulang foto-foto ini
of these photos

I'd like to have this photo __ Saya mau foto ini diperbesar
enlarged

How much is processing?__ Berapa biaya cucinya?

How much for printing? ___ Berapa biaya cetaknya?

How much are the_____ Berapa biaya cetak ulangnya?
reprints?

How much is it for _____ Berapa biaya foto yang diperbesar?
enlargement?

When will they be ready? __ Kapan selesainya?

Do I have to make an _____ appointment? — Apa harus buat janji?

Can I come in right now? __ — Bisa datang sekarang?

How long will I have to ____ wait? — Berapa lama harus tunggu?

I'd like a shampoo/haircut__ — Saya mau cuci rambut/potong rambut

I'd like a shampoo for _____ oily/dry hair, please — Tolong, saya mau sampo untuk rambut berminyak/rambut kering

I'd like an anti-dandruff ____ shampoo — Saya mau sampo anti ketombe

I'd like a color-rinse _____ shampoo, please — Saya mau sampo untuk rambut berwarna

I'd like a shampoo with ____ conditioner, please — Saya mau sampo dengan condisioner

I'd like highlights, please___ — Saya mau di-highlight (dicat)

Do you have a color _____ chart, please? — Apa ada gambar dari jenis warna?

I'd like to keep the same ___ color — Saya mau warna yang sama seperti sekarang

I'd like it darker/lighter_____ — Saya mau warna yang lebih gelap/lebih terang

I'd like/I don't want _____ hairspray — Saya mau/tidak mau pakai hairspray/ semprotan rambut

– gel_____ — – jel

– lotion _____ — – losion

I'd like short bangs _____ — Saya mau poni pendek

Not too short at the back __ — Jangan terlalu pendek di bagian belakangnya

Not too long _____ — Jangan terlalu panjang

I'd like it curly/wavy _____ — Saya mau dikeriting/dibuat berombak

It needs a little/a lot _____ taken off — Rambutnya ditrap sedikit/banyak

I'd like a completely _____ different style/a different cut — Saya mau model yang benar-benar lain /potongan rambut yang lain

Shopping

10

I'd like it the same as _____ Saya mau seperti yang di foto ini
  in this photo

– as that woman's _____ – seperti wanita itu

Could you turn the drier ___ Bisa besarkan/turunkan sedikit pengering
  up/down a bit? rambutnya?

I'd like a facial_____ Saya mau difasial

– a manicure _____ – manikur

– a massage _____ – pijat

Could you trim my..., _____ Bisa tolong rapikan...saya?
  please?

– bangs_____ – poni/rambut bagian depan

– beard _____ – janggut

– moustache _____ – kumis

I'd like a shave, please_____ Saya mau dicukur

I'd like a wet shave, _____ Saya mau cukuran basah
  please

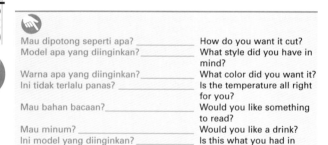

Mau dipotong seperti apa? _____ How do you want it cut?
Model apa yang diinginkan?_____ What style did you have in
                                          mind?
Warna apa yang diinginkan?_____ What color did you want it?
Ini tidak terlalu panas? _____ Is the temperature all right
                                          for you?
Mau bahan bacaan?_____ Would you like something
                                          to read?
Mau minum? _____ Would you like a drink?
Ini model yang diinginkan? _____ Is this what you had in
                                          mind?

At the Tourist Information Center

11 **A**t the Tourist Information Center

● **Directorate General of Tourism** offices (*Kanwil Depparpostel*) are found throughout the country. Each province also has its own tourism authority with offices in most cities and towns. These are known as *Diparda* or *Dinas Pariwisata Daerah*. Offices in tourist areas are helpful, with maps and plenty of information. Tourist office staff in smaller towns may not always be able to communicate in English.

11 .1 Places of interest

● **Most museums** and tourist attractions will charge an entrance fee. These may range from 500 Rp to 5000 Rp. Most sites are generally open from 9 am to 3 pm throughout the week, including weekends, though it is advisable that you check opening hours before planning a visit. Make sure you remove your shoes before entering a mosque or a temple.

Where's the Tourist_____ Information, please?	Di mana kantor penerangan wisata?
Do you have a city map? __	Apa ada peta kota?
Where is the museum? ____	Di mana musiumnya?
Where can I find a_____ church?	Di mana ada gereja?
Could you give me some __ information about...?	Bisa tolong beri keterangan mengenai/ tentang...?
How much is this? _____	Berapa harga ini?
What are the main _____ places of interest?	Apa obyek wisata utamanya?
Could you point them _____ out on the map?	Bisa tolong tunjukkan di peta?
What do you recommend?_	Apa saran Anda?
We'll be here for a few ____ hours	Kami di sini untuk beberapa jam
We'll be here for a day ____	Kami di sini untuk satu hari
We'll be here for a week ___	Kami di sini untuk satu minggu
We're interested in... _____	Kami tertarik akan...
Is there a scenic walk_____ around the city?	Apa ada pemandangan di sekitar kota?

How long does it take? _____	Berapa lama akan makan waktu?
Where does it start/end? ___	Di mana mulainya/berakhirnya?
Are there any boat trips? __	Apa ada perjalanan dengan kapal?
Where can we board? _____	Di mana naiknya?
Are there any bus tours? __	Apa ada bis wisata?
Where do we get on?_____	Di mana naiknya?
Is there a guide who _____ speaks English?	Apa ada pramuwisata/guide tur berbahasa Inggris?
What trips can we take ____ around the area?	Apa perjalanan wisata yang ada di sekitar lokasi ini?
Are there any _____ excursions?	Apa ada acara wisata?
Where do they go? _____	Ke mana tujuannya?
We'd like to go to..._____	Kami mau pergi ke...
How long is the _____ excursion?	Berapa lama acara wisata itu?
How long do we stay _____ in...?	Berapa lama akan di sana?
Are there any guided _____ tours?	Apa ada pramuwisata/guide tur?
How much free time will___ we have there?	Berapa lama waktu bebasnya di sana?
We want to have a walk ___ around/to go on foot	Kami ingin jalan-jalan berkeliling/jalan kaki
Can we hire a guide? _____	Bisa kami sewa pramuwisata?
Can we reserve a_____ mountain hut?	Bisa kami pesan pondok di gunung?
What time does...open/ ____ close?	Jam berapa bukanya/tutupnya?
What days is...open/_____ closed?	Hari apa saja...bukanya/ditutup?
What's the admission_____ price?	Berapa harga tanda masuknya?
Is there a group _____ discount?	Apa ada potongan harga untuk grup wisata?

Is there a child _____ discount?	Apa ada potongan harga untuk anak-anak?
Is there a discount for _____ senior citizens?	Apa ada potongan harga untuk pensiunan?
Can I take (flash) _____ photos/can I film here?	Apa boleh foto dengan blits/lampu kilat/Apa boleh ambil gambar di sini?
Do you have any _____ postcards of...?	Apa ada kartu pos ...?
Do you have an _____ English...?	Apa ada...dalam bahasa Inggris?
– catalogue? _____	– katalog/daftar?
– program? _____	– program?
– brochure? _____	– brosur?

11 .2 Going out

● **Information** about theater and the latest movies can be found in the entertainment sections of newspapers such as the *Jakarta Post*. Large cities like Jakarta have plenty of movie houses showing the latest American releases. Most are subtitled rather than dubbed, so the soundtrack is usually in English. Hotels and tourist information offices can advise you on where to see cultural activities such as traditional dance and *wayang* performances.

Do you have this _____ week's/month's entertainment guide?	Apa ada program acara pertunjukan minggu/bulan ini?
What's on tonight? _____	Apa acaranya nanti malam?
We want to go to... _____	Kami mau pergi ke...
What's playing at the _____ cinema?	Apa filem yang main di bioskop?
What sort of film is that? __	Jenis filem apa?
– suitable for everyone _____	– untuk semua umur
– not suitable for people ___ under 12/under 16	– untuk orang dewasa/enam belas tahun ke atas
– original version _____	– versi asli
– subtitled _____	– ada teks terjemahannya
– dubbed _____	– ada isian suaranya

Is it a continuous showing?	Apa itu pertunjukan terus-menerus?
What's on at...?	Apa acara di...?
What's happening in the concert hall?	Apa acara di balai konser?
Where can I find a good disco around here?	Di mana disko yang bagus di sekitar sini?
Is it members only?	Apa khusus anggota?
Where can I find a good nightclub around here?	Di mana kelab malam di sekitar sini?
Is it evening wear only?	Apa harus memakai pakaian malam resmi?
Should I/we dress up?	Apa harus berpakaian rapi?
What time does the show start?	Jam berapa pertunjukannya dimulai?
When's the next soccer match?	Kapan pertandingan sepak bola selanjutnya?
Who's playing?	Siapa yang main?
I'd like an escort for tonight	Saya mau teman kencan untuk malam ini

⑪ .3 Reserving tickets

Could you reserve some tickets for us?	Bisa pesan beberapa karcis?
We'd like to book...seats/ a table for...	Kami ingin pesan...tempat duduk/meja untuk...
– seats in the orchestra in the main section	– tempat duduk bagian utama di orkestra
– seats in the circle	– tempat duduk di lingkaran
– a box for...	– satu ruang untuk...
– front row seats/ a table for...at the front	– tempat duduk di deretan depan/meja untuk...di depan
– seats in the middle/ a table in the middle	– tempat duduk di tengah/meja di tengah
– back row seats/ a table at the back	– tempat duduk di deretan belakang/meja di belakang

Could I reserve...seats _____ Bisa pesan...tempat untuk pertunjukan
for the...o'clock   jam...
performance?

Are there any seats left _____ Apa masih ada tempat untuk malam ini?
for tonight?

How much is a ticket? _____ Berapa harga karcisnya?

When can I pick up the _____ Kapan bisa ambil karcisnya?
tickets?

I've got a reservation _____ Saya ada reservasi / Saya sudah pesan

My name's... _____ Nama saya...

Pertunjukan yang mana yang mau _____ Which performance do you
dipesan?   want to reserve for?
Di mana Anda ingin duduk? _____ Where would you like to
                                         sit?
Semua sudah terjual habis _____ Everything's sold out
Tinggal bagian berdiri _____ It's standing room only
Tinggal tempat duduk di bagian atas ___ We've only got circle seats
                                         left
Tinggal tempat duduk lingkaran jalan ___ We've only got upper circle
ke atas   seats left
Tinggal tempat duduk di bagian _____ We've only got orchestra
orkestra   seats left
Tinggal tempat duduk deretan _____ We've only got front row
depan   seats left
Tinggal tempat duduk bagian _____ We've only got seats left at
belakang   the back
Berapa tempat duduk yang mau _____ How many seats would you
dipesan?   like?
Anda harus ambil tiket/karcisnya_____ You'll have to pick up the
sebelum jam...   tickets before...o'clock
Tolong karcisnya?_____ Tickets, please
Ini tempat duduk Anda _____ This is your seat
Anda salah tempat_____ You are in the wrong seat

94

Sports

12 Sports

● **The most popular sports** in Indonesia are badminton and soccer. A form of martial arts called *pencak silat* is practiced in West Java and West Sumatra. Tourists can enjoy a variety of water sports in Indonesia, and Bali provides good facilities for snorkeling and scuba diving. Surfers also come from all parts of the world for the waves of Indonesia's west coast and Bali.

12 .1 Sporting questions

Where can we...around here?	Di mana bisa...di sekitar sini?
Can I/we hire a...?	Bisa saya/kami sewa...
Can I/we take...lessons?	Bisa saya/kami ambil pelajaran...
How much is that per hour/per day	Berapa biaya per jam/per harinya?
How much is each one?	Berapa biaya masing-masing?
Do you need a permit for that?	Apa perlu izin?
Where can I get the permit?	Di mana bisa dapat izinnya?

12 .2 By the waterfront

Is it far (to walk) to the sea?	Apa ke laut jauh ?
Is there a...around here?	Apa ada...di sekitar sini?
– a swimming pool	– kolam renang
– a sandy beach	– pantai berpasir
– mooring place/dock	– pelabuhan/dermaga
Are there any rocks here?	Apa ada karang di sini?
When's high/low tide?	Kapan laut pasang/surut?
What's the water temperature?	Berapa suhu airnya?
Is it deep here?	Apa ini dalam?
Is it safe (for children) to swim here?	Apa aman (untuk anak) berenang di sini?

Sports

12

Are there any currents? ___	Apa ada arus?
Are there any rapids ___ along this river?	Apa ada penderasan di sepanjang sungai ini?
What does that flag/ ___ buoy mean?	Apa arti bendera/tanda itu?
Is there a lifeguard on ___ duty?	Apa ada regu penolong yang kerja?
Are dogs allowed here? ___	Apa anjing dibolehkan di sini?
Is camping on the beach ___ allowed?	Apa berkemah di pantai diijinkan?
Can we light a fire? ___	Boleh kami nyalakan unggun?

Area pemancingan	Dilarang berenang	Dilarang memancing
Fishing waters	**No swimming**	**No fishing**
Bahaya	Dilarang berselancar	Izin khusus
Danger	**No surfing**	**Permits only**

.3 At the martial arts/scuba diving lesson

Can I take...lessons ___ here?	Bisa saya ambil pelajaran...di sini?
For beginners/ ___ intermediates	Untuk pemula/lanjutan
How large are the ___ groups?	Berapa besar kelompok/grupnya?
What languages are the ___ classes in?	Bahasa apa saja yang digunakan di kelas?
Are the...open? ___	Apakah...buka?

Sports

Sickness

13 **S**ickness

● **Hospitals and medical clinics** in the major cities of Indo
usually well equipped, and it is not difficult to find an Engli
doctor. Practices are open only in the late afternoon and ev
you move into more isolated areas, western-style medical f
become more scarce. Pharmacies (*apotek*) sell medication o..r the
counter without prescription, and are easy to find in most towns and
neighborhoods. It is advisable to take out a travel insurance policy that
covers medical emergencies before visiting Indonesia.

13.1 **C**all (get) the doctor

Could you get a doctor ____ quickly, please?	Bisa tolong cepat panggilkan dokter?
When does the doctor ____ have office hours?	Kapan jam dokternya buka?
When can the doctor ____ come?	Kapan dokternya bisa datang?
Could I make an ____ appointment to see the doctor?	Bisa buat janji bertemu dengan dokter?
I've got an appointment ____ to see the doctor at...o'clock	Saya buat janji bertemu dokter pada jam...
Which doctor/pharmacy ____ is on night/weekend duty?	Dokter dan apotek mana yang buka pada malam hari/akhir pekan?

13.2 **P**atient's ailments

I don't feel well ____	Saya tidak enak badan
I'm ill ____	Saya sakit
I'm dizzy ____	Saya pusing
I feel sick (nauseous) ____	Saya merasa mual
I have diarrhea ____	Saya sakit perut/mencret
I've got a cold ____	Saya pilek
It hurts here ____	Sakit di sini
I've been sick (vomited) ____	Saya sudah muntah
I've got... ____	Saya merasa...
– a fever ____	– demam

,ue fever _____	– demam berdarah
– cholera _____	– kolera
– typhus/typhoid fever ____	– tipus
– malaria _____	– malaria
I'm running a temperature of...degrees	Suhu badan saya naik sebesar...
I've been..._____	Saya...
– stung by a wasp _____	– disengat tawon
– stung by a mosquito ____	– digigit nyamuk
– bitten by a dog _____	– digigit anjing
– stung by a jellyfish _____	– digigit ubur-ubur
– bitten by a snake _____	– digigit binatang
I've cut myself _____	Saya luka terpotong
I've burned myself _____	Saya terbakar
I've grazed/scratched myself	Saya lecet
I've had a fall _____	Saya terjatuh
I've sprained my ankle ____	Kaki saya keseleo
I'd like the morning-after pill	Saya minta pil pencegah kehamilan

 .3 The consultation

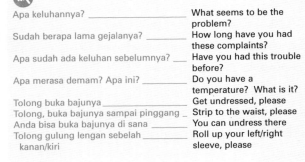

Apa keluhannya? _____	What seems to be the problem?
Sudah berapa lama gejalanya? _____	How long have you had these complaints?
Apa sudah ada keluhan sebelumnya? ___	Have you had this trouble before?
Apa merasa demam? Apa ini? _____	Do you have a temperature? What is it?
Tolong buka bajunya _____	Get undressed, please
Tolong, buka bajunya sampai pinggang _	Strip to the waist, please
Anda bisa buka bajunya di sana _____	You can undress there
Tolong gulung lengan sebelah kanan/kiri	Roll up your left/right sleeve, please

Tolong, berbaring di sini _____	Lie down here, please
Apa ini sakit? _____	Does this hurt?
Tarik nafas dalam-dalam _____	Breathe deeply
Buka mulutnya _____	Open your mouth

Patients' medical history

I'm a diabetic _____	Saya diabetes/sakit kencing gula
I have a heart condition ___	Saya ada masalah jantung
I'm asthmatic _____	Saya ada asma
I'm allergic to... _____	Saya ada alergi terhadap...
I'm...months pregnant _____	Saya sedang hamil...bulan
I'm on a diet _____	Saya sedang diet
I'm on medication/the pill__	Saya sedang dalam pengobatan
I've had a heart attack _____ once before	Saya ada serangan jantung sebelumnya
I've had an operation... ____ times	Saya pernah dioperasi...kali
I've been ill recently _____	Saya sakit belum lama ini/baru-baru ini
I've got a stomach ulcer ___	Ada bisul/radang di perut
I've got my period_____	Saya sedang haid

Apa ada alergi? _____	Do you have any allergies?
Apa sedang dalam pengobatan? _____	Are you on any medication?
Apa sedang dalam diet?_____	Are you on a diet?
Apa sedang hamil? _____	Are you pregnant?
Apa pernah disuntik tetanus? _____	Have you had a tetanus injection?

The diagnosis

Ini tidak mengkawatirkan _____	It's nothing serious
...Anda patah_____	Your...is broken
Anda ada lecet... _____	You've got a sprained...
Anda ada luka... _____	You've got a torn...
Anda kena infeksi/radang_____	You've got an infection/ some inflammation

Anda kena radang usus buntu _____	You've got appendicitis
Anda kena bronkitis_____	You've got bronchitis
Anda kena penyakit menular _____	You've got an infectious/ a contagious disease
Anda kena flu_____	You've got the flu
Anda kena serangan jantung _____	You've had a heart attack
Anda kena infeksi bakteri/virus_____	You've got a bacterial/viral infection
Anda kena paru-paru basah _____	You've got pneumonia
Anda kena radang lambung _____	You've got gastritis/an ulcer
Anda keseleo _____	You've pulled a muscle
Anda kena infeksi vagina _____	You've got a vaginal infection
Anda keracunan makanan _____	You've got food poisoning
Anda kena sengatan matahari _____	You've got sunstroke
Anda alergi terhadap..._____	You're allergic to...
Anda hamil_____	You're pregnant
Saya mau darah/air kencing/kotoran _____ Anda diperiksa	I'd like to have your blood/urine/stools tested
Perlu jahitan_____	It needs stitches
Saya akan kirim Anda ke spesialis/ _____ rumah sakit	I'm referring you to a specialist/sending you to the hospital
Anda perlu dironsen _____	You'll need some x-rays taken
Bisa tunggu di kamar tunggu? _____	Could you wait in the waiting room, please?
Anda harus dioperasi _____	You'll need an operation

Is it contagious? _____	Apa ini menular?
How long do I have to _____ stay...?	Berapa lama saya harus tinggal...?
– in bed _____	– di tempat tidur
– in the hospital_____	– di rumah sakit
Do I have to go on a_____ special diet?	Apa harus dijaga makanannya?
Am I allowed to travel? _____	Apa boleh melakukan perjalanan?
Can I make another _____ appointment?	Bisa saya buat janji lagi?
When do I have to come___ back?	Kapan harus kembali?
I'll come back tomorrow___	Saya akan datang lagi besok
How do I take this_____ medicine?	Bagaimana cara minum obat ini?

Kembali besok/dalam waktu ...hari_____ **Come back tomorrow/ in...days' time**

13 .4 Medication and prescriptions

How many pills/drops/_____   Berapa tablet/tetes/suntikan/sendok
injections/spoonfuls/   teh/setiap kali?
tablets each time?

How many times a day? ___   Berapa kali sehari?

I've forgotten my_____   Saya lupa minum obat
medication

At home I take... _____   Di rumah saya minum...

Could you write a _____   Bisa tulis resep untuk saya?
prescription for me,
please?

Saya resepkan antibiotik/campuran/_____   **I'm prescribing antibiotics/**
penenang/penawar sakit   **a mixture/a tranquillizer/**
                                            pain killers

Istirahat yang cukup _____   **Have lots of rest**
Tetap di dalam rumah_____   **Stay indoors**
Tetap di tempat tidur_____   **Stay in bed**

... kali sehari	pil	setiap...jam
...times a day	**pills**	**every...hours**
gosokkan	salep	suntikan
rub on	**ointment**	**injections**
jangan mengemudi	sampai habis	tablet
don't drive	**finish the**	**tablets**
larutkan di air	prescription	telan
dissolve in water	sebelum makan	**swallow**
minum	**before meals**	tetes
take	sendok/sendok teh	**drops**
obat luar	**spoonful/teaspoonful**	untuk...hari
external use only		**for...days**

Sickness

13

Do you know a good _____ dentist? — Apa Anda tahu dokter gigi yang baik?

Could you make a_____ dentist's appointment for me? — Bisa tolong buatkan janji dengan dokter gigi ?

It's urgent _____ — Ini sangat mendesak

Can I come in today, _____ please — Bisa datang hari ini?

I have a (terrible)_____ toothache — Gigi saya sakit (sekali)

Could you prescribe/ _____ give me a painkiller? — Bisa beri saya obat penawar rasa sakit?

I've got a broken tooth ____ — Gigi saya hancur

My filling's come out _____ — Tambalan gigi saya lepas

I've got a broken crown ___ — Kepala gigi saya rusak

I'd like/I don't want a _____ local anesthetic — Saya mau/tidak mau dibius lokal

Could you do a _____ temporary repair? — Bisa tolong lakukan perbaikan sementara?

I don't want this tooth _____ pulled — Saya tidak mau giginya dicabut

My denture is broken_____ — Gigi palsu saya rusak

Can you fix it? _____ — Bisa Anda perbaiki?

Gigi yang mana yang sakit? _____	Which tooth hurts?
Anda ada abses/lobang _____	You've got an abscess/ cavity
Saya harus lakukan 'root canal' _____	I'll have to do a root canal
Saya akan beri bius lokal _____	I'm giving you a local anesthetic
Saya harus cabut/isi gigi ini _____	I'll have to pull/fill this tooth
Saya harus bor ini _____	I'll have to drill it
Tolong buka yang lebar _____	Open wide, please
Tolong tutup mulutnya _____	Close your mouth, please
Tolong kumur-kumur_____	Rinse, please
Apa masih sakit?_____	Does it hurt still?

In trouble

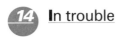

14 In trouble

Some common emergency phone numbers in Indonesia include:
Police 110, Fire Brigade 113, Ambulance 118.

14 .1 Asking for help

Help!	Tolong!
Fire!	Api!/Kebakaran!
Police!	Polisi!
Quick/Hurry!	Cepat!
Danger!	Bahaya!
Watch out!	Hati-hati!
Stop!	Berhenti!
Be careful!/Go easy!	Hati-hati/Jangan panik!
Don't come near me!	Jangan dekati saya!
Let go!	Lepaskan!
Stop thief!	Maling!
Could you help me, please?	Bisa bantu saya?
Where's the police station/emergency exit/fire escape?	Di mana kantor polisi/pintu darurat/tangga darurat?
Where's the nearest fire extinguisher?	Di mana pemadam api paling dekat?
Call the fire department!	Telepon kantor pemadam kebakaran!
Call the police!	Panggil polisi!
Call an ambulance!	Panggil ambulans!
Where's the nearest phone?	Di mana telepon paling terdekat?
Could I use your phone?	Bisa pinjam teleponnya?
What's the emergency number?	Berapa nomor telepon darurat?
What's the number for the police?	Berapa nomor polisi?

14 .2 Loss

I've lost my wallet/purse ___ Dompet saya hilang

I lost my...here yesterday ___ ...saya hilang di sini kemarin

I left my...here _____ ...tertinggal di sini

Did you find my...? _____ ...saya sudah ditemukan?

It was right here _____ Tepat di sini

It's very valuable _____ Sangat berharga

Where's the lost and _____ Di mana kantor barang hilang?
found office?

14 .3 Accidents

There's been an accident ___ Ada kecelakaan

Someone's fallen into _____ Seseorang terjatuh ke air
the water

There's a fire_____ Ada api

Is anyone hurt? _____ Apa ada yang terluka?

Nobody/someone has _____ Tidak ada seorangpun yang terluka/ada
been injured   seseorang yang terluka

Someone's still trapped_____ Seseorang masih terjebak di dalam
inside the car/train   mobil/kereta api

It's not too bad_____ Tidak terlalu serius

Don't worry_____ Jangan kawatir

Leave everything the _____ Tolong jangan sentuh/rubah apapun
way it is, please

I want to report it to the ___ Saya mau lapor polisi dulu
police first

I want to take a photo _____ Saya mau ambil foto dulu
first

Here's my name and _____ Ini nama dan alamat saya
address

May I have your name_____ Boleh saya minta nama dan alamat Anda?
and address?

Could I see your identity ___ Boleh saya lihat kartu identitas/surat
card/your insurance   asuransi Anda?
papers?

In trouble

14

107

Will you act as a witness?__ Mau jadi saksi?

I need this information ____ Saya perlu keterangan ini untuk asuransi
for insurance purposes

Are you insured? _____ Apa Anda diasuransikan?

Third party or all _____ Sebagian atau semuanya termasuk?
inclusive?

Could you sign here, _____ Bisa tolong tandatangan di sini?
please?

🏷 .4 Theft

● **Although violent crime** is rare in Indonesia, theft is common,
particularly in areas with a strong tourist presence. Always hold on
tightly to bags and cameras especially if traveling on public transport.
A money belt is a good idea. Police stations are located in towns and
city centers throughout the country. If you are involved in an accident,
it is a good idea to report it at a police station immediately.

I've been robbed _____ Saya baru kecurian

My...has been stolen _____ ...saya dicuri

My car's been _____ Mobil saya dimasuki pencuri
broken into

🏷 .5 Missing person

I've lost my child/ _____ Anak/nenek saya hilang
grandmother

Could you help me find____ Bisa tolong carikan dia?
him/her?

Have you seen a small_____ Apa Anda lihat anak kecil?
child?

He's/she's...years old _____ Umurnya...tahun

He/she's got...hair _____ Rambutnya...

– short/long_____ – pendek/panjang

– blond/red/brown/ _____ – pirang/merah/coklat/hitam/abu-abu
black/gray   (beruban)

– curly/straight/ frizzy _____ – keriting/lurus/

– in a ponytail_____ – berkucir

– in braids _____ – dikepang

– in a bun _____	– dikonde
He's/she's got _____ blue/brown/green eyes	Matanya biru/coklat/hijau
He/she's wearing... _____	Dia pakai...
swimming trunks/ _____ hiking boots	baju renang/sepatu untuk mendaki gunung
with/without glasses _____	pakai kacamata/tidak pakai kacamata
carrying/not carrying _____ a bag	bawa/tidak bawa tas
He/She is tall/short _____	Dia tinggi/pendek
This is a photo of _____ him/her	Ini fotonya
He/she must be lost _____	Dia pasti tersesat

🖐 .6 The police

An arrest

Tolong surat-surat (mobil)Anda _____	Your (vehicle) documents, please
Anda melampaui batas kecepatan _____	You were speeding
Anda tidak boleh parkir di sini _____	You're not allowed to park here
Anda lupa memasukkan uang parkir ___ meteran	You haven't put money in the 'Pay and display'/ parking meter
Lampu Anda mati_____	Your lights aren't working
Ini denda jalur Rp... _____	That's a...Rp fine
Apa Anda mau bayar sekarang? _____	Do you want to pay now?
Anda harus bayar sekarang_____	You'll have to pay now

I don't speak Indonesia ____	Saya tidak bicara bahasa Indonesia
I didn't see the sign_____	Saya tidak lihat tandanya
I don't understand what_____ it says	Saya tidak mengerti artinya
I was only doing..._____ kilometers an hour	Saya hanya melaju dengan kecepatan... kilometer perjam
I'll have my car checked ___	Saya akan periksa mobilnya
I was blinded by_____ oncoming lights	Saya terhalang oleh lampu yang datang

Di mana terjadinya?_____	Where did it happen?
Apa yang hilang? _____	What's missing?
Apa yang diambil? _____	What's been taken?
Bisa saya lihat kartu identitas/ _____ identifikasi Anda?	Could I see your identity card/some identification?
Kapan terjadinya?_____	What time did it happen?
Apa ada saksi?_____	Are there any witnesses?
Tolong tandatangan di sini _____	Sign here, please
Apa Anda mau penerjemah? _____	Do you want an interpreter?

At the police station

I want to report a_____ collision/missing person/rape	Saya ingin melaporkan kecelakaan /orang hilang/pemerkosaan
Could you make a _____ statement, please?	Bisa tolong buat pernyataan polisi?
Could I have a copy for ____ the insurance?	Boleh minta salinan surat untuk asuransi?
I've lost everything _____	Semuanya hilang
I've no money left, I'm_____ desperate	Tidak ada yang tersisa. Saya panik
Could you lend me a _____ little money?	Bisa tolong pinjami saya sedikit uang?
I'd like an interpreter _____	Saya mau penerjemah
I'm innocent _____	Saya tidak bersalah
I don't know anything _____ about it	Saya tidak tahu apapun
I want to speak to _____ someone from the American embassy	Saya mau bicara dengan orang kedutaan Amerika
I want a lawyer who _____ speaks...	Saya mau pengacaranya yang bisa...

In trouble

14

15

Word list

Word list English - Indonesian

● **The following word list** is meant to supplement the chapters in this book. Some English words have more than one equivalent in Indonesian, and their use depends on the situation or context. In this word list, the "/" sign separates different Indonesian translations. Italics indicate a word either has no Indonesian translation or that the English form is commonly used instead. Indonesian words in brackets can be omitted in daily conversation. Some of the words not on this list can be found elsewhere in this book. Food items can be found in Section 4.7, the parts of a car on pages 46–47, the parts of of motorcycle/bicycle on page 50 and camping/backpacking equipment on page 66.

A

about	mengenai/sekitar
above (time)	kira-kira
above	di atas
abroad	luar negeri
accident	kecelakaan
adaptor	*adaptor*/pencocok
address	alamat
admission	tanda masuk
admission price	harga tanda masuk
adult	(orang) dewasa
advice	nasehat
aeroplane	kapal terbang/pesawat udara
after	sesudah/kemudian
afternoon	siang
aftershave	*aftershave*/minyak cukur
again	lagi
against	lawan
age	umur
AIDS	(penyakit) AIDS
air conditioning	ase/AC
air mattress	kasur udara
airmail	pos udara
airplane	kapal terbang/pesawat udara
airport	bandar udara/bandara
alarm	alarm/tanda
alarm clock	beker/weker
alcohol	alkohol
all day	sepanjang hari/seharian
all the time	sepanjang waktu/semalaman
allergy	alergi
alone	sendirian
altogether	semuanya
always	selalu
ambulance	ambulans
America	Amerika
American	orang Amerika
amount	jumlah
amusement park	taman hiburan
anesthetic (local)	(obat) bius lokal
anesthetic (general)	(obat) bius total
angry	marah
animal	binatang
ankle	pergelangan kaki

answer	jawaban
ant	semut
antibiotics	antibiotik
antifreeze	antibeku
antique	antik
antiques	barang antik
antiseptic	antiseptik
anus	dubur
apartment	apartemen
appetite	nafsu makan
apologies	permintaan maaf
apple	apel
apple juice	jus apel/sari buah apel
appointment	janji
April	April
architecture	arsitektur/seni bangunan
area	wilayah
area code	kode area/kode wilayah
arm	lengan
arrange	menyusun/susun
arrive	tiba/sampai
arrow	panah
art	seni
art gallery	galeri seni
artery	urat nadi
article	barang
artificial respiration	pernafasan buatan
ashtray	asbak
ask	tanya
ask about	menanyakan
ask for	minta
aspirin	aspirin
assault	serangan
assorted	campuran/rupa-rupa/pilihan
at home	di rumah
at night	pada malam hari
at the back	di belakang
at the front	di depan
at the latest	paling lambat
August	Agustus
Australia	Australia
Australian	orang Australia
automatic	otomatis
autumn	musim semi
awake	bangun
awning	kerai

B

baby	bayi
baby food	makanan bayi
babysitter	pengasuh/*bebi siter*
back (part of body)	punggung
back (rear)	belakang
backpack	tas ransel
backpacker	*bekpeker*
bad (rotting)	busuk
bad (terrible)	jelek

113

bag	tas
baker	tukang roti
balcony	balkon
ball	bola
ballpoint pen	pen/bolpoin
banana	pisang
bandage	perban
bandaids	plester/pembalut
bangs	poni
bank (finance)	bank
bank (river)	tepi
bar (café)	bar
barbecue	barbeku/panggang
basketball	bola basket
bath	mandi
bath towel	handuk mandi
bathmat	keset kamar mandi
bathrobe	mantel mandi
bathroom	kamar mandi
battery	batere
battery (car)	aki
beach	pantai
beans	kacang-kacangan
beautiful	indah
bed	tempat tidur
bedding	perlengkapan (tempat) tidur
bee	lebah
beef	(daging) sapi
beer	bir
begin	mulai
behind	belakang
belt	sabuk
berth	ruang tidur di kapal/kereta api
better (to get)	lebih baik/sembuh
bicycle	sepeda
bikini	bikini
bill	rekening/bon
billiards	bilyar
birthday	hari ulang tahun
biscuit	biskuit
bite	gigitan
bitter	pahit
black	hitam
black and white	hitam putih
black eye	mata bengkak
bland (taste)	lunak
blanket	selimut
bleach	pemutih
bleed	perdarahan
blind (can't see)	buta
blind (on window)	kerai
blister	melepuh
blond	pirang
blood	darah
blood pressure	tekanan darah
bloody nose	hidung berdarah
blouse	blus

Word list

15

blue	biru
boat	kapal
body	badan
boiled	rebus
bone	tulang
book	buku
booked, reserved	sudah direservasi
booked, reserved (restaurant/bus)	ada orangnya/isi
booking office	kantor reservasi
bookshop	toko buku
border	batas
bored	bosan
boring	membosankan
born	lahir
borrow	pinjam
botanic gardens	kebun raya
both	keduanya
bottle (wine)	botol
bottle (baby's)	botol bayi
bottle-warmer	pemanas botol
box	kotak
box office	loket
boy	anak (laki-laki)
boyfriend	pacar (laki-laki)
bra	beha/kutang
bracelet	gelang
brake	rem
brake oil	minyak rem
bread	roti
break	pecah
breakfast	sarapan pagi
breast	payudara/buah dada
breast milk	air susu ibu/ASI
bridge	jembatan
briefs	celana dalam laki-laki
bring	bawa
brochure	brosur
broke	patah
bronze	perunggu
broth	kaldu
brother	saudara (laki-laki)
brown	coklat
bruise	(luka) memar
brush	sikat
bucket	ember
buffet	bafe/prasmanan
bugs	kutu
building	bangunan
bun	kue bun/kue bulat
burglary	pencurian
burn (injury)	luka bakar
burn (verb)	membakar/bakar
burnt	terbakar
bus	bis
bus station	terminal bis/stanplat bis
bus stop	setopan bis

business card	kartu nama
business class	kelas bisnis
business trip	perjalanan bisnis
busy (schedule)	sibuk
busy (traffic)	ramai/sibuk
butane	(gas) butan
butcher	tukang daging/jagal
butter	mentega
button	kancing
by airmail	lewat udara
by phone	lewat telepon

C

cabbage	kubis
cabin	kabin/ruang
cake	kue
call (phonecall)	panggilan telepon
call (to phone)	menelepon
called	dipanggil
camera	kamera
camping	berkemah
can (permission)	boleh
can (possible)	bisa
can opener	bukaan kaleng
cancel	batal
candle	lilin
candy	permen
car	mobil
cardigan	baju hangat
car documents	surat-surat mobil
care	hati-hati
carpet	permadani/karpet
carriage	kereta kuda
carrot	wortel
car seat (child's)	jok mobil/kursi mobil
cartridge	*cartridge*/kaset film
car trouble	gangguan mobil
cash	uang
cash card	kartu uang
cash desk	meja uang
cash machine	mesin ATM
casino	kasino/rumah judi
cassette	kaset
cat	kucing
catalogue	katalog
cauliflower	kembang kol
cause	sebab
cave	gua
celebrate	merayakan
cemetery	kuburan
centimeter	sentimeter
central locking	pengunci sentral/pengunci pusat
center (middle)	tengah
center (of city)	pusat
certificate	sertifikat/ijazah
chair	kursi
chambermaid	pelayan kamar

champagne	sampanye
change, swap	ganti/tukar
change (money)	uang tukar
change (trains)	ganti/pindah
change the baby's diaper	ganti popok bayi
change the oil	ganti oli
charter flight	penerbangan carteran
chat	mengobrol/obrol/omong
checked luggage	kopor yang diterima untuk penerbangan
check, bill	cek/bon
check (verb)	memeriksa/periksa
check in	lapor
check out	keluar
cheers!	*cheers!*
cheese	keju
chef	koki kepala/juru masak
chess	catur
chewing gum	permen karet
chicken	ayam
child	anak
child's seat (in car)	jok mobil anak
chilled	kedinginan
chin	dagu
chocolate	cokelat
choose	memilih
chopsticks	sumpit
church	gereja
church service	kebaktian gereja
cigar	cerutu
cigarette	rokok
circle	lingkaran
circus	sirkus
citizen	warganegara
city	kota
clean	bersih
clean (verb)	membersihkan
clearance (sale)	obral
clock	jam
closed	tutup
closed off (road)	tertutup
clothes	pakaian
clothes hanger	gantungan baju
clothes dryer	pengering baju
clothing	pakaian
clutch (car)	kopling
coat (jacket)	jas/jaket
coat (overcoat)	jas
cockroach	kecoa
cocoa	coklat
coffee	kopi
cold (not hot)	dingin
cold, flu	pilek/flu
collar	kerah
collarbone	tulang selangka
colleague	kolega
collision	tabrakan

Word list

15

cologne	kolonye
color	warna
colored	berwarna
comb	sisir
come	datang
come back	kembali
compartment	kompartemen
complaint	keluhan
completely	sama sekali/benar-benar
compliment	pujian
computer	komputer
concert	konser
concert hall	ruang konser
concierge	*concierge*
concussion	gegar
condensed milk	susu padat
condom	kondom
congratulations!	selamat!
connection (transport)	sambungan
constipation	sembelit
consulate	konsulat
consultation (by doctor)	konsultasi dokter
contact lens	lensa kontak
contagious	menular
contraceptive	alat kontrasepsi
contraceptive pill	pil kontrasepsi
cook (person)	koki
cook (verb)	memasak
cookie	kue
copper	tembaga
copy	kopi
corkscrew	bukaan sumbat botol/kotrek
corner	sudut
cornflower	tepung jagung/tepung maizena
correct	benar
correspond (write letters)	surat-menyurat
corridor	koridor
cosmetics	kosmetik
costume	pakaian/kostum
cot	tempat tidur anak
cotton	katun
cotton wool	waten
cough	batuk
cough (verb)	batuk-batuk
cough syrup	sirop obat batuk
counter	loket
country (nation)	negara
country (rural area)	pedesaan/desa
country code	kode negara
course of treatment	pengobatan
cousin	sepupu
crab	kepiting
cracker	kue kering
cream	krim
credit card	kartu kredit
crime	kejahatan/kriminalitas

Word list

15

crockery	barang tembikar
cross (road, river)	menyeberang
crossroad	penyeberangan
crutch	tongkat jalan
cry	menangis
cubic meter	meter kubik
cucumber	ketimun
cuddly toy	mainan boneka lembut
cuff	manset
cup	cangkir/mangkok
curly	keriting
current (electric)	aliran listrik
curtains	korden
cushion	bantal
custom	adat
customs	bea cukai/pabean
cut (injury)	luka
cut (verb)	memotong/potong
cutlery	peralatan makan
cycling	bersepeda

D

dairy products	produk susu
damage	kerusakan
damaged	rusak
dance	tarian
dandruff	ketombe
danger	bahaya
dangerous	berbahaya
dark	gelap
date	tanggal
date of birth	tanggal lahir
daughter	anak perempuan
day	hari
day after tomorrow	lusa
day before yesterday	kemarin dulu
dead	mati
deaf	tuli
decaffeinated	kopi non kafein
December	Desember
declare (customs)	memperlihatkan
deep	dalam
deep-sea diving	penyelaman di laut dalam
deep freeze	lemari beku/membekukan
defecate	buang air besar/berak
degrees	derajat
delay	tunda
delicious	lezat
dentist	dokter gigi
dentures	gigi palsu
deodorant	deodoran/obat ketiak
department store	toserba
departure	keberangkatan
departure time	jam keberangkatan
depilatory cream	krem anti rambut
deposit (for safekeeping)	menyimpan

deposit (in bank)	deposito uang
deposit (verb)	mendepositokan/menyimpan
desert	gurun
dessert	pencuci mulut
destination	tujuan
detergent	deterjen/sabun cuci
develop (photo)	cuci cetak foto
diabetes	diabetes/kencing gula
dial	putar
diamond	berlian
diaper	popok
diarrhea	diare
dictionary	kamus
diesel oil	minyak disel
diet	diet
difficulty	sukar/susah
dining car	kereta makan
dining room	ruang makan
dinner	makan malam
direct flight	penerbangan langsung
direction	arah
directly	langsung
dirty	kotor
disabled	cacat
disco	disko/diskotik
discount	diskon/potongan
dish	piring/hidangan
dish of the day	menu spesial hari ini
disinfectant	obat disinfektan/obat anti infeksi
disposable	sekali pakai
distance	jarak
distilled water	air sulingan
disturb	mengganggu/ganggu
disturbance	gangguan
dive	selam
diving	penyelaman
diving board	papan selam
diving gear	peralatan selam
divorced	cerai
dizzy	pusing
do	berbuat/melakukan
do not disturb	jangan ganggu
doctor	dokter
dog	anjing
doll	boneka
domestic	domestik
done (cooked)	matang
door	pintu
double	dua/ganda/dobel
down	ke bawah
drapes	tirai/hiasan gorden
draugh	angin
dream (verb)	bermimpi, mimpi
dress	pakaian
dressing gown	daster
dressing table	meja rias
drink (alcoholic)	minuman keras

Word list

15

drink (refreshment)	minuman
drink (verb)	minum
drinking water	air minum
drive	mengendarai/menyupir
driver	supir
driver's license	SIM
drugstore	toko obat
drunk	mabuk
dry	kering
dry (verb)	mengeringkan/keringkan
dry-clean	setum
duck	bebek
dummy (for baby)	dot bayi
during	selama/sepanjang
during the day	sepanjang hari
duty (tax)	pajak
duty-free goods	barang bebas pajak
duty-free shop	toko bebas pajak

E

ear	telinga
ear drops	tetes telinga
earache	sakit telinga
early	awal
earrings	anting-anting
earth	bumi
earthenware	tembikar
east	timur
easy	mudah
eat	makan
economy class	kelas ekonomi
eczema	eksim
eel	belut
egg	telur
eggplant	terong
electric	listrik
electricity	listrik
electronic	elektronik
elephant	gajah
elevator	lift
email	email
embassy	kedutaan
embroidery	sulaman
emergency brake	rem darurat
emergency exit	jalan keluar darurat
emergency phone	telepon darurat
emery board	ampelas
emperor	kaisar
empress	kaisar wanita
empty	kosong
engaged (on the phone)	sibuk
engaged (to be married)	(ber)tunangan
England	Inggris
English	orang Inggris
enjoy	menikmati
enquire	menyelidiki

envelope	amplop
escalator	eskalator/tangga jalan
escort	teman kencan panggilan
essential	perlu
evening	malam (hari)
evening wear	pakaian malam
event	peristiwa
everything	apapun/semuanya
everywhere	di manapun
examine	memeriksa
excavation	penggalian
excellent	baik sekali
exchange	menukar/tukar
exchange office	kantor penukaran uang/kantor tukar
excursion	perjalanan/darmawisata
exhibition	eksibisi/pameran
exit	keluar
expenses	pengeluaran/biaya/ongkos
expensive	mahal
explain	menerangkan
explosion	letusan
express	kilat/ekspres
external	luar
eye	mata
eye drops	tetes mata
eye specialist	dokter spesialis mata

F

fabric	bahan
face	muka
factory	pabrik
fall (verb)	jatuh
family	keluarga
famous	terkenal
fan	kipas
far away	jauh
farm	pertanian
farmer	petani
fashion	gaya pakaian
fast	cepat
father	bapak
father-in-law	bapak mertua
fault	kesalahan
fax	faks/faksimili
February	Februari
feel	rasa
feel like	ingin/mau
fence	pagar
ferry	(kapal) feri
fever	demam
fiancé	tunangan
fiancée	tunangan
fill	isi
fill out (form)	mengisi
filling (dental)	tambal
film (cinema)	filem
film (photo)	(isi) filem

filter	saringan
filter cigarette	rokok filter
fine (good)	bermutu
fine (money)	denda
finger	jari tangan
fire	api/kebakaran
fire alarm	tanda kebakaran
fire department	dinas pemadam kebakaran
fire escape	tangga darurat
fire extinguisher	alat pemadam api
first	pertama
first aid	pertolongan pertama
first class	kelas satu
fish	ikan
fish (verb)	memancing, mancing
fishing rod	pancingan ikan
fitness club	kelab fitnes/sanggar kebugaran
fitness training	latihan fitnes/latihan kebugaran
fitting room	kamar pas
fix (puncture)	menambal
flag	bendera
flash (camera)	blits/lampu kilat
flashlight	lampu senter
flatulence	kembung
flavor	rasa
flea	kutu
flea market	pasar loak
flight	penerbangan
flight number	nomor penerbangan
flood	banjir
floor	lantai
flour	terigu
flu	pilek/flu
flush	menyiram/siram
fly (insect)	lalat
fly (verb)	terbang
fog	kabut
foggy	berkabut
folklore	cerita rakyat/dongeng
follow	mengikuti/ikut
food (cooked)	masakan
food (in general)	makanan
food poisoning	keracunan makanan
foot	kaki
foot brake	rem kaki
forbidden	terlarang
forehead	dahi
foreign	asing
forget	lupa
fork	garpu
form	bentuk
formal dress	pakaian resmi
forward (letter)	meneruskan
fountain	air mancur
frame	bingkai
free (no charge)	gratis
free (unoccupied)	kosong

free time	waktu bebas/waktu senggang
freeze	beku/udara yang sangat dingin
french fries	kentang goreng
fresh	segar
Friday	Jumat
fried	goreng
friend	teman
friendly	ramah
frightened	takut/ketakutan
fringe (hair)	poni
frozen	beku
fruit	buah
fruit juice	sari buah/jus
frying pan	penggorengan
full	penuh
fun	menggembirakan
funeral	pemakaman/penguburan

G

gallery	galeri/sanggar
game	permainan
garage (car repair)	bengkel
garbage	sampah
garlic	bawang putih
garden	taman
garment	*garmen*/pakaian
gas (for heating)	gas
gas station	pompa bensin
gasoline	bensin
gate	gerbang
gear (car)	persneling
gem	permata
gender	jenis kelamin
get off (vehicle)	turun
get on (vehicle)	naik
gift	hadiah
ginger	jahe
girl	anak perempuan
girlfriend	pacar (perempuan)
given name	nama depan
glass (for drinking)	gelas
glass (material)	kaca
glasses	kacamata
gliding	terbang layang
glossy (photo)	mengkilap/glosi
glue	lem
gnat	agas
go	pergi
go back	kembali
go out (socially)	bergaul/jalan
gold	emas
golf	golf
golf course	lapangan golf
good afternoon	selamat siang
good evening	selamat malam
good morning	selamat pagi
good night	selamat malam

goodbye (to the person leaving)	selamat jalan
goodbye (to the person remaining)	selamat tinggal
goose	angsa
grade crossing	persimpangan kereta api
gram	gram
grandchild	cucu
granddaughter	cucu perempuan
grandfather	kakek
grandmother	nenek
grandparent	kakek nenek
grandson	cucu laki
grape juice	sari buah anggur/jus anggur
grapes	anggur
grave	makam/kuburan
gray	kelabu
gray-haired	(rambut) uban
graze (injury)	keserempet
greasy	berminyak/lengket
green	hijau
greengrocer	penjual sayuran
greeting	ucapan selamat
grilled	bakar
grocer	penjual bahan makanan
groceries	toko bahan makanan
ground up	digiling
group	grup/kelompok
guesthouse	pondok
guide (book)	buku pedoman/buku guide
guide (person)	pemandu/guide
guided tour	tur dengan pemandu
guilty	bersalah
gym	ruang olah raga
gynecologist	dokter kebidanan/ginekolog

H

hair	rambut
hairbrush	sikat rambut
haircut	gunting rambut
hairdresser	penata rambut
hairdryer	pengering rambut
hairspray	semprotan rambut/hairsprei
hairstyle	gaya rambut/model rambut
half	setengah
half full	setengah penuh
hammer	palu
hand	tangan
hand brake	rem tangan
hand luggage	kopor (kecil)
hand towel	sapu tangan
handbag	tas tangan
handkerchief	handuk kecil
handmade	buatan tangan
happy	bahagia
harbor	pelabuhan
hard (difficult)	sulit

hard (firm)	keras
hardware store	toko alat besi
hat	topi
he/she	dia
head	kepala
headache	sakit kepala
headlights	lampu besar
health food shop	toko makanan sehat
healthy	sehat
hear	dengar
hearing aid	alat bantu dengar
heart	jantung
heart attack	serangan jantung
heat	panas
heavy	berat
heel (of foot)	tumit
heel (of shoe)	hak sepatu
hello	halo
help	menolong/membantu
helping (of food)	porsi
hem	keliman
herbal tea	teh herbal/teh obat
herbs	bumbu
here	di sini
high	tinggi
high chair	kursi tinggi
high tide	pasang
highway	jalan raya
hiking	gerak jalan
hiking boots	sepatu hiking
hip	pinggul
hire	menyewa/sewa
hitchhike	menumpang/numpang
hobby	kegemaran/hobi
holdup	perampokan
holiday (festival)	hari raya
holiday (public)	hari libur
holiday (vacation)	hari libur
homesick	rindu rumah/rindu kampung halaman
honest	jujur
honey	madu
horizontal	datar/horisontal
horrible	menakutkan
horse	kuda
hospital	rumah sakit
hospitality	keramah-tamahan
hot (bitter, sharp)	pahit/kecut
hot (food)	pedas
hot (warm)	panas
hot spring	sumber air panas
hot-water bottle	botol air panas
hotel	hotel
hour	jam
house	rumah
houses of parliament	gedung DPR-MPR /gedung parlemen
how?	bagaimana?
how far?	berapa jauh?

how long?	berapa lama?
how many?	berapa banyak?
how much?	berapa harga?
hundred grams	seratus gram
hungry	lapar
hurry	cepat
husband	suami
hut	pondok

I

ice cream	es krim
ice cubes	es batu
iced	pakai es
idea	ilham/ide
identification (card)	(kartu) tanda pengenal
identify	mengenali/kenali
ignition key	kunci kontak
ill	sakit
illness	penyakit
imagine	membayangkan
immediately	segera
important	penting
import duty	barang impor
impossible	tidak mungkin
improve (advance)	maju
improve (recover from illness)	sembuh
in	dalam/di
in the evening	di malam hari
in the morning	di pagi hari
in-laws	mertua
indigestion	salah cerna
included	termasuk/dimasukkan
including	termasuk
indicate	menunjukkan
indicator (car)	indikator
inexpensive	murah
infection	infeksi
infectious	menular
inflammation	radang
information	informasi/keterangan
information office	kantor penerangan
injection	suntikan/injeksi
injured	terluka
inner tube	ban dalam
innocent	tidak bersalah/tidak berdosa
insect	serangga
insect bite	gigitan serangga
insect repellent	pembasmi serangga
inside	di dalam
instructions	instruksi/petunjuk
insurance	asuransi
intermission	istirahat/jeda
internal	dalam
international	internasional
Internet café	kafe internet
interpreter	penerjemah

Word list

15

127

intersection	persimpangan
introduce oneself	memperkenalkan/mengenalkan diri
invite	mengundang/undang
invoice	faktur
iodine	yodium
Ireland	Irlandia
iron (for clothes)	setrika
iron (metal)	besi
iron (verb)	menyetrika
ironing board	meja setrika
island	pulau
itch	gatal

J

jack (for car)	dongkrak
jacket	jaket
jackfruit	(buah) nangka
jam	selai
January	Januari
jaw	rahang
jeans	(celana) jin
jellyfish	ubur-ubur
jeweller	tukang mas/tukang perhiasan
jewelry	perhiasan
job	pekerjaan/tugas
jog	jalan cepat
joke	gurauan/canda
journey	perjalanan
juice	jus/sari buah
July	Juli
June	Juni

K

kerosene	minyak tanah
key	kunci
kidney	ginjal
kilogram	kilogram
king	raja
kiss	cium
kiss (verb)	mencium/cium
kitchen	dapur
knee	lutut
knife	pisau
knit	merajut
know	mengetahui/tahu

L

lace (fabric)	renda
laces (for shoes)	tali sepatu
ladder	tangga
lake	danau
lamb	(daging) kambing
lamp	lampu
land (ground)	darat
land (verb)	mendarat
lane (of traffic)	jalur
language	bahasa

Word list

15

large	besar
last (endure)	makan waktu
last (final)	terakhir
last night	semalam
late	terlambat
later	kemudian
laugh	tertawa
launderette	binatu cuci
laundry soap	sabun cuci
law	hukum
lawyer	penasehat hukum/pengacara
laxative	obat cuci perut
leak	bocor
leather	kulit
leather goods	barang kulit
leave	pergi
left	kiri
left behind	tertinggal
leg	kaki
leisure	waktu senggang
lemon	(buah) jeruk limun
lend	pinjam
lens (camera)	lensa
less	kurang
lesson	pelajaran
letter	surat
lettuce	selada
level crossing	persimpangan kereta api
library	perpustakaan
license	izin/lisensi
lie (be lying)	berbaring
lie (falsehood)	berbohong
lie down	tiduran
lift (elevator)	lift
lift (in car)	menumpang
light (lamp)	penerangan/lampu
light (not dark)	terang
light (not heavy)	ringan
light bulb	lampu pijar
lighter	korek api/geretan
lightning	kilat
like (verb)	mau/ingin
line	garis
linen	seprei dan bantal
lining	lapisan
liquor store	toko minuman keras
liqueur	sopi manis
listen	mendengarkan/dengar
liter	liter
literature	kesusastraan
little (small)	kecil
little (amount)	sedikit
live (alive)	hidup
live (verb)	tinggal
liver	hati
lobster	udang karang/lobster
local	lokal/setempat

lock	kunci
long	panjang
long-distance call	telpon jarak jauh/telepon internasional
look at	melihat
look for	mencari
look up	mencari keterangan
lost (can't find way)	tersesat
lost (missing)	kehilangan
lost and found office	kantor barang hilang
lotion	minyak
loud	keras
love	cinta/kesukaan/kegemaran
love (verb)	mencintai/cinta/menyukai/suka
low	rendah
low tide	air surut
LPG	gas elpiji
luck	untung
luggage	koper
luggage locker	penitipan koper/loker koper
lumps (sugar)	gumpalan
lunch	makan siang
lungs	paru-paru

M

madam	nyonya
magazine	majalah
mail (letters)	surat
mail (verb)	mengirim/kirim
main post office	kantor pos besar/kantor pos pusat
main road	jalan utama/jalan besar
make, create	membuat/buat
make an appointment	buat janji/buat perjanjian
make love	bercinta/bersetubuh
makeshift	pengganti sementara
makeup	berdandan/dandan
man	pria/laki-laki
manager	manajer
mango	(buah) mangga
manicure	manikur
many	banyak
map	peta
marble	marmer/pualam
March	Maret
margarine	mentega/margarin
marina	dok pelabuhan/marina
marital status	status perkawinan
market	pasar
married	(sudah) kawin/(sudah) nikah
massage	pijat
mat (at door)	kesetan (kaki)
mat (on table)	tatakan (meja)
match	pertandingan
matches	korek api
May	Mei
maybe	mungkin
mayonnaise	*mayones*/saos selada
mayor	walikota

meal	makanan
mean	berarti
measure	ukuran
measuring jug	cangkir takaran
measure out	menakar
meat	daging
medication	pengobatan
medicine	kesehatan
meet	bertemu
melon	melon
member	anggota
member of parliament	anggota DPR-MPR/anggota parlemen
membership card	kartu keanggotaan
mend	tambalan
menstruate	haid
menstruation	haid/datang bulan
menu	menu/daftar makanan
message	pesan
metal	besi
meter (in taxi)	meteran taksi/argo
meter (measure)	meter
migraine	sakit kepala berat/migren
mild (taste)	sedang
milk	susu
millimeter	milimeter
mineral water	air mineral
minute	menit
mirror	cermin
miss (flight, train)	ketinggalan
miss (loved one)	rindu
missing	hilang
missing person	orang hilang
mist	kabut
misty	berkabut
mistake	kesalahan
mistaken	keliru
misunderstanding	salah paham/kekeliruan
mixed	campur
modern art	seni modern
moment	saat/waktu
monastery	biara
Monday	Senin
money	uang
monkey	monyet
month	bulan
moon	bulan
mosquito	nyamuk
mosquito coil	obat nyamuk
mother	ibu
mother-in-law	ibu mertua
motorbike	sepeda motor
motorboat	kapal motor/motor boat
mountain	gunung
mountain hut	pondok di gunung
mouse	tikus
mouth	mulut
MSG	vetsin

much	banyak
mud	lumpur
muscle	otot/urat
muscle spasms	kejang urat/kejang otot
museum	musium/museum
mushrooms	jamur
music	musik

N

nail (finger)	kuku
nail (metal)	paku
nail file	kikiran kuku
nail scissors	pemotong kuku
naked	telanjang
nappy, diaper	popok
nationality	kebangsaan/kewarganegaraan
natural	alami
nature	alam
nauseous	mual/sakit
near	dekat
nearby	dekat
necessary	perlu
neck	leher
necklace	kalung
necktie	dasi
needle	jarum
negative (photo)	klise/negatif foto
neighbor	tetangga
nephew	keponakan (laki-laki)
never	belum pernah
new	baru
news	berita
news stand	kios (koran)
newspaper	koran
next (after that)	kemudian/selanjutnya/berikutnya
next to	sebelah
nice (pleasant)	menyenangkan
nice (person)	baik
niece	keponakan perempuan
night	malam
night duty	tugas malam
nightclothes	pakaian tidur
nightclub	kelab malam
nightdress	pakaian malam
nipple (bottle)	pentil
no	tidak
no entry	dilarang masuk
no thank you	terima kasih
no-one	tak seorangpun
noise	ribut
nonstop (flight)	nonstop
noodles	mi
normal	normal
north	utara
nose	hidung
nose drops	obat tetes hidung
nosebleed	mimisan

notebook	buku catatan
notepad	notes
notepaper	kertas catatan
nothing	tidak ada
November	November
nowhere	tidak di manapun
number	nomor
number plate	pelat nomor
nurse	perawat
nuts	kacang-kacangan

O

occupation	pekerjaan/jabatan
October	Oktober
off (gone bad)	busuk
off (turned off)	mati
offer	tawaran
office	kantor
oil	minyak
oil level	kadar minyak
ointment	salep
okay	baik/oke
okay: it's okay	tidak apa
old	tua
on (turned on)	nyala/dipasang
on, at	pada, di
on board (aeroplane, ship)	di atas pesawat
on board (bus)	di dalam kendaraan
on the left	di sebelah kiri
on the right	di sebelah kanan
on the way	dalam perjalanan
oncoming car	mobil yang mendekat
one-way ticket	karcis satu jalan
one-way traffic	lalu lintas searah/jalan searah
onion	bawang
open	buka
open (verb)	membuka/buka
operation (medical)	operasi
operator (telephone)	operator/penghubung
opposite	lawan
optician	ahli kacamata
orange (color)	oranye/jingga
orange (fruit)	(buah) jeruk
order	pesanan
order (verb)	memesan (pesan)
other	yang lain
other side	(di) sisi lain
outside	di luar
over there	di sana
overpass	jembatan penyebrangan
overseas	luar negeri
overtake	menyusul/susul
oyster	tiram

P

packed lunch	nasi bungkus

Word list

15

page	halaman
pain	rasa sakit
painkiller	penawar sakit/obat rasa sakit
paint	cat
painting	lukisan
pajamas	piyama
palace	istana
palace (in Bali)	puri
palace (in Java)	keraton
pan	panci
pane	kaca
panties	celana dalam wanita
pants	celana panjang
pantyhose	stoking wanita
papaya	pepaya
paper	kertas
paraffin oil	minyak parafin
parasol	payung
parcel	bungkusan/bingkisan
pardon	maaf
parents	orangtua
park (verb)	parkir
park, gardens	taman, kebun
parking garage	garasi parkir
parking space	tempat parkir/lokasi parkir
part (car)	onderdil
partner	pasangan
party	pesta
passable (road)	bisa dilewat
passenger	penumpang
passionfruit	(buah) markisa
passport	paspor
passport photo	foto (ukuran) paspor
patient (calm)	sabar
patient (doctor's)	pasien
pay	bayar
pay the bill	bayar rekening
peanut	kacang
pearl	mutiara
peas	kacang ercis/buncis
pedal	pedal
pedestrian crossing	tempat penyeberangan
pedicure	pedikur
pen	pena
pencil	pensil
penknife	pisau lipat
penis	batang kemaluan
people	orang/masyarakat
pepper (black)	lada hitam
pepper (chilli)	cabe
performance	pertunjukan
perfume	minyak wangi/parfum
perhaps	mungkin
period (menstrual)	masa haid
permit	izin/ijin
person	orang
personal	pribadi

pet	binatang peliharaan
petrol	bensin
petrol station	pompa bensin
pharmacy	apotik
phone	telepon
phone (verb)	menelepon, telepon
phone booth	telepon umum
phone card	kartu telepon
phone directory	buku telepon
phone number	nomor telepon
photo	foto
photocopier	mesin foto kopi
photocopy	foto kopi
photocopy (verb)	memfotokopi
phrasebook	buku ungkapan
pick up (come to)	mengambil/menjemput
pick up (go to)	menjemput
picnic	piknik/jalan-jalan
pill (contraceptive)	pil kontrasepsi
pills, tablets	pil, tablet
pillow	bantal
pillowcase	sarung bantal
pin	peniti
pineapple	nanas
pipe (plumbing)	pipa air
pipe (smoking)	pipa rokok
pipe tobacco	cangklong
pity	sayang sekali
place of interest	obyek wisata
plain (not flavored)	hambar
plain (simple)	biasa
plan (intention)	rencana
plan (map)	peta
plane	pesawat terbang
plant	tumbuhan
plaster cast	(balutan) gips
plastic	plastik
plastic bag	tas plastik
plate	piring
platform	jalur/peron
play (drama)	drama
play (verb)	bermain/main
play golf	bermain golf/main golf
play sports	berolahraga
play tennis	main tenis
playground	taman bermain
playing cards	main kartu
pleasant	sedap/menyenangkan
please (asking for action)	tolong
please (asking for thing)	minta
please (go ahead)	silakan
please (invitation)	mari
please (try)	coba
pleasure	kenikmatan
plug (electric)	steker
plum	(buah) prem

pocket	saku/kantong
pocket knife	pisau lipat
point out	menunjukkan/tunjukkan
poisonous	beracun
police	polisi
police officer	polisi
police station	kantor polisi
pond	danau
pony	kuda poni
population	jumlah penduduk/populasi
pork	(daging) babi
port	pelabuhan
porter (concierge)	portir
porter (for bags)	kuli angkut
possible	mungkin
post (verb)	memposkan
post office	kantor pos
postage stamp	perangko
postbox	kotak pos
postcard	kartu pos
postcode	kode pos
postpone	tunda
potato	kentang
potato chips	keripik kentang
poultry	unggas
powdered milk	susu bubuk
power outlet	stop kontak listrik
prawn	udang besar
precious metal	logam mulia
precious stone	batu mulia
prefer	lebih suka
preference	pilihan
pregnant	hamil
prescription	resep dokter
present (here)	ada/hadir
present (gift)	hadiah
press	pers
pressure	tekanan
price	harga
price list	daftar harga
print (picture)	cetakan
print (verb)	mencetak, cetak
probably	mungkin
problem	masalah/problem
profession	profesi/keahlian
profit	untung/laba
program	program/acara
pronounce	melafalkan
propane	propen
pudding	puding/hidangan manis
pull	menarik
pull a muscle	keseleo
pulse	denyut
pure	murni
purify	memurnikan
purple	ungu
purse	dompet

push	tekan
puzzle	teka teki
pyjamas	piyama

Q

quarter	seperempat
quarter of an hour	seperempat jam
queen	ratu
question	pertanyaan
quick	cepat
quiet	sepi

R

radio	radio
railroad, railway	jalan raya, rel kereta api
rain	hujan
rain (verb)	menghujani/hujan
raincoat	jas hujan
rape	perkosaan
rapids	aliran deras/penderasan
rash (on skin)	ruam
rat	tikus (besar)
raw	mentah
razor blade	silet cukur
read	membaca/baca
ready	siap
really	sungguh/benar-benar
reason	alasan
receipt	kwitansi/tanda terima
reception desk	meja resepsi/penerima tamu
recipe	resep makanan
reclining chair	kursi putar
recommend	menyarankan
rectangle	bujur sangkar
red	merah
red wine	anggur merah
reduction	potongan
refrigerator	lemari es/kulkas
refund	kembalian
regards	hormat
region	wilayah
registered	tercatat
relatives	(sanak) keluarga
reliable	dapat dipercaya
religion	agama
rent out	disewakan
repair	reparasi/perbaikan
repair	mereparasi/memperbaiki
repeat	ulang
report (police)	laporan polisi/proses verbal
reserve (book)	mereservasi
reserve (spare)	cadangan
responsible	tanggung jawab
rest	istirahat
restaurant	rumah makan/restoran
restroom	WC/kamar kecil
result	hasil

retired	pensiun
return ticket	tiket pulang-pergi
reverse (car)	mundur/atret
rheumatism	rematik
ribbon	pita
rice (cooked)	nasi
rice (uncooked)	beras
ridiculous	aneh/lucu/menggelikan
riding (horseback)	menunggang
right (correct)	benar
right (side)	kanan
rinse	bilas
ripe	matang/masak
risk	resiko
river	sungai
road	jalan
roadway	jalanan
roasted	panggang
rock (stone)	batu karang
roll (bread)	roti kadet
roof	atap
roof rack	para-para atap
room	kamar
room number	nomor kamar
room service	layanan kamar
rope	tali
route	rute/jalur
rowing boat	perahu dayung
rubber	karet
rude	kasar
ruins	peninggalan/reruntuhan
run	lari
running shoes	sepatu olah raga

S

sad	sedih
safe	aman
safe (for cash)	penitipan uang
safety pin	peniti
sail (verb)	berlayar
sailing boat	kapal layar
salad	selada/salad
sale	obral
sales clerk	petugas penjualan
salt	garam
same	sama
sandals	sandal
sandy beach	pantai pasir
sanitary towel	pembalut (wanita)/duk
satisfied	puas
Saturday	Sabtu
sauce	saus
saucepan	panci
sauna	sauna
say	berkata
scald (injury)	luka bakar
scales	timbangan

scarf (headscarf)	syal/selendang
scarf (muffler)	selendang
scenic walk	pemandangan
school	sekolah
scissors	gunting
Scotland	Skotlandia
screw	sekrup
screwdriver	obeng
scuba diving	scuba diving
sculpture	pahatan/ukiran
sea	laut
seasick	mabuk laut
seat	tempat duduk
second (in line)	kedua
second (instant)	detik
second-hand	bekas
sedative	obat penenang
see	melihat/lihat
send	mengirim/kirim
sentence	kalimat
separate	memisahkan/pisah
September	September
serious	serius/sungguh-sungguh
service	layanan/servis
service station	pompa bensin
serviette	serbet makan
sesame oil	minyak wijen
sesame seeds	biji wijen
set (group)	kumpulan
set in place	memasang
sew	jahit
shade	tempat teduh
shallow	dangkal
shame	malu/memalukan
shampoo	sampo
shark	(ikan) hiu
shave	bercukur
shaver	alat cukur
shaving cream	krem cukur
sheet	seprei
shirt	kemeja/baju
shoe	sepatu
shoe polish	semir sepatu
shop (verb)	berbelanja/belanja
shop, store	toko
shop assistant	pramuniaga/pelayan toko
shop window	etalase
shopping center	pusat perbelanjaan
short	pendek
short circuit	korsleting
shorts (short trousers)	celana pendek
shorts (underpants)	celana kolor
shoulder	bahu
show	memamerkan/pamer
shower	pancuran kamar mandi/dus
shrimp	udang
shutter (camera)	pengatur kamera/tombol potret

shutter (on window)	daun penutup jendela
sieve	ayakan/saringan
sightseeing	tamasya/lihat-lihat
sign (road)	tanda jalan/papan
sign (verb)	menandai/tandai
signature	tanda tangan
silence	kesunyian
silk	sutra
silver	perak
simple	sederhana
single (only one)	satu
single (unmarried)	belum menikah
single ticket	karcis satu jalan
sir	Tuan
sister	saudara perempuan
sit	duduk
size	ukuran
skin	kulit
skirt	rok
sleep	tidur
sleeping car	kereta tidur
sleeping pill	obat tidur
sleeve	lengan baju
slip	rok dalam
slippers	sandal
slow	pelan
slow train	kereta langsam
small	kecil
small change	(uang) receh
smell	bau
smoke	asap
smoke detector	detektor asap
smoked	diasap
snake	ular
soap	sabun
soap powder	bubuk sabun
soccer	sepak bola
soccer match	pertandingan sepakbola
socket (electric)	stop kontak
socks	kaos kaki
soft drink	minuman tanpa alkohol
sole (of shoe)	sol sepatu
someone	seseorang
sometimes	kadang-kadang
somewhere	di suatu tempat
son	anak laki-laki
soon	segera
sore (painful)	sakit/luka
sore (ulcer)	bisul
sore throat	sakit tenggorokan
sorry	maaf
soup	sop/sup
sour	asam
south	selatan
souvenir	cinderamata/oleh-oleh/suvenir
soy sauce	saus kecap
spanner, wrench	kunci inggris

spare	cadangan
spare parts	suku cadang
spare tire	ban cadangan
spare wheel	roda cadangan
speak	bicara
special	spesial/khusus
specialist (doctor)	dokter ahli/dokter spesalis
specialty (cooking)	keistimewaan
speed limit	batas kecepatan
spell	mengeja/eja
spices	bumbu
spicy	pedas
splinter	pecahan
spoon	sendok
sport	olah raga
sports centre	pusat olah raga/pusat kebugaran
spot (place)	tempat
spot (stain)	noda
sprain	keseleo
spring (device)	per/pegas
spring (season)	musim semi
square (plaza)	alun-alun
square (shape)	persegi
square meter	meter persegi
squash (game)	permainan squash
squash (vegetable)	labu squash
stadium	stadion
stain	noda
stain remover	penghilang noda
stairs	tangga
stamp	perangko
stand (be standing)	berdiri
stand (put up with)	bertahan
star	bintang
starfruit	(buah) belimbing
start	mulai
station	stasiun
statue	patung
stay (in hotel)	menginap
stay (remain)	tinggal/tetap
steal	mencuri
steamed	kukus
steel	baja
stepfather	bapak tiri
stepmother	ibu tiri
steps	tangga
sterilise (bottle)	mensterilkan
sticking plaster	plester perekat
sticky tape	selotip
stir-fried	goreng
stitches (in wound)	jahitan
stomach	perut
stomach ache	sakit perut
stomach cramps	kram perut
stools (feces)	kotoran
stop (bus)	setopan bis
stop (cease)	berhenti

stop (halt)	macet/mogok
stopover	singgah
store, shop	toko
storm	badai
story (of building)	tingkat/lantai
straight	lurus
straight ahead	terus
straw (drinking)	sedotan
street	jalan
street vendor	pedagang kaki lima
strike (work stoppage)	mogok kerja
string	tali/benang
strong	kuat
study	belajar
stuffed animal	binatang isian
stuffing	pengisian
subtitles	teks terjemahan
succeed	berhasil
sugar	gula
suit	setelan
suitcase	kopor
summer	musim panas
sun	matahari
sunbathe	berjemur (diri)
Sunday	minggu
sunglasses	kacamata hitam
sunhat	topi pelindung matahari
sunrise	matahari terbit
sunshade	kerei anti matahari
sunscreen	pelindung matahari
sunset	matahari terbenam
sunstroke	sengatan matahari
suntan lotion	losion anti matahari
suntan oil	minyak anti matahari
supermarket	pasar swalayan
surcharge	biaya tambahan/biaya ekstra
surf	ombak
surface mail	pos biasa
surfboard	papan luncur
surname	nama keluarga/nama belakang
surprise	kejutan
swallow	menelan/telan
swamp	rawa
sweat	keringat
sweater	baju hangat
sweet	manis
sweetcorn	jagung manis
swim	berenang
swimming pool	kolam renang
swimming costume	baju renang
swindle	pengecohan/penipuan
switch	saklar
syrup	sirop

T

table	meja
tablecloth	taplak meja

tablemat	tatakan meja
tablespoon	sendok meja
table tennis	tenis meja
tablets	tablet
tableware	barang pecah-belah
take (medicine)	minum obat
take (photograph)	ambil foto
take (time)	butuh/perlu
talk	bicara
tall	tinggi
tampon	tampon
tanned	sawo matang
tap	kran
tap water	air kran
tape measure	pita pengukur
tassel	jambul
taste	rasa
taste (verb)	merasakan/rasakan
tax	pajak
tax-free shop	toko bebas pajak
taxi	taksi
taxi stand	pangkalan taksi
tea (black)	teh
tea (green)	teh hijau
teacup	cangkir teh
teapot	ceret teh
teaspoon	sendok teh
teat (bottle)	dot susu
telephoto lens	lensa tele
television	televisi/TV
telex	teleks
temperature (body)	suhu badan
temperature (heat)	suhu udara
temple (in Bali)	pura
temple (in Java)	candi
temporary filling	isian sementara
ten	sepuluh
tender, sore	sakit
tennis	tenis
tent	tenda
terminus	terminal
terrace	teras
terribly	sangat
thank you, thanks	terima kasih
thankful	berterima kasih
thaw	mencair
theater	teater
theft	pencurian
there	di sana
thermometer (body)	termometer badan
thermometer (weather)	termometer udara
thick	tebal
thief	pencuri
thigh	paha
thin (not fat)	kurus
thin (not thick)	tipis
think (believe)	percaya

think (ponder)	memikirkan
third (1/3)	sepertiga
thirsty	haus
this afternoon	siang ini
this evening	malam ini
this morning	pagi ini
thread	benang
throat	tenggorokan
throat lozenges	obat radang tenggorokan
thunderstorm	hujan angin dengan petir
Thursday	Kamis
ticket (admission)	karcis
ticket (travel)	karcis/tiket
ticket office	loket karcis
tidy	rapi
tie (necktie)	dasi
tie (verb)	mengikat/ikat
tights	ketat
time (occasion)	kali
time (when)	waktu
timetable	jadwal
tin (can)	kaleng
tin opener	bukaan kaleng
tip (gratuity)	persen/tip
tire	ban
tire pressure	tekanan ban
tissues	(kertas) tisu
tobacco	tembakau
today	hari ini/sekarang
toddler	(anak) balita
toe	jari kaki
together	bersama
toilet	kamar kecil/toilet/WC
toilet paper	kertas toilet/kertas WC
toiletries	perlengkapan rias mandi
tomato	tomat
tomorrow	besok
tongue	lidah
tonight	nanti malam
tool	alat
tooth	gigi
toothache	sakit gigi
toothbrush	sikat gigi
toothpaste	pasta gigi
toothpick	tusuk gigi
top up	mengisi sampai penuh
torch, flashlight	obor, senter
total	jumlah semua/total
tough	berat/keras
tour	perjalanan/tur
tour guide	pramuwisata/guide tur
tourist class	kelas wisatawan/kelas turis
tourist information office	kantor penerangan wisatawan
tow	derek
tow cable	kabel derekan
towel	handuk

tower	menara
town	kota
town hall	balai kota
toy	mainan
traffic	lalu lintas
traffic light	lampu lalu lintas/lampu merah
train	kereta api
train station	stasiun kereta api
train ticket	karcis kereta api
train timetable	jadwal kereta api
translate	menerjemahkan
travel	(melakukan) perjalanan
travel agent	agen perjalanan
traveler	wisatawan
traveler's check	cek perjalanan
treatment	pengobatan
triangle	segitiga
trim (haircut)	potong rapi
trip	perjalanan
truck	truk
trustworthy	terpercaya
try on	coba
Tuesday	Selasa
tuna	(ikan) tuna/(ikan) tongkol
tunnel	terowongan
turn off	matikan
turn on	pasang/menyalakan
turn over	membalikkan
TV	teve/televisi
TV guide	daftar acara TV
tweezers	jepitan
twin-bedded	dengan sepasang tempat tidur
typhoon	topan/taifun

U

ugly	buruk/jelek
UHT milk	susu UHT
ulcer	bisul
umbrella	payung
under	di bawah
underpants	celana dalam
underpass	jalan lintang di bawah jalan lain
understand	mengerti
underwear	pakaian dalam
undress	membuka pakaian
unemployed	menganggur
uneven	tidak rata/mencong
university	universitas
up	atas
upright	tegak lurus
urgent	penting
urgently	dengan pentingnya
urine	air kencing
usually	biasanya

V

vacant	lowong

Word list

15

vacation	liburan
vaccinate	vaksinasi/pencacaran
vagina	vagina/liang peranakan
valid	berlaku
valley	lembah
valuable	berharga
valuables	barang-barang berharga
van	mobil gerbong/van
vase	vas
vegetable	sayur-mayur
vegetarian	vegetarian
vein	urat nadi
velvet	beludru
vending machine	mesin vending/mesin otomatis
venomous	berbisa
venereal disease	penyakit kelamin
vertical	vertikal
via	lewat
video camera	kamera video
video cassette	kaset video
video recorder	perekam video
view	pemandangan
village	desa
visa	visa
visit	kunjungan
visiting time	jam kunjungan
vitamins	vitamin
vitamin tablets	tablet vitamin
volcano	gunung api
volleyball	bola voli
vomit	muntah

W

wait	tunggu
waiter	pelayan
waiting room	kamar tunggu
waitress	pelayan wanita
wake up	bangun
Wales	Wales
walk (noun)	jalan
walk (verb)	berjalan, jalan
walking stick	tongkat jalan
wall	tembok
wallet	dompet
wardrobe	lemari pakaian
warm	hangat
warn	mengingatkan
warning	peringatan
wash	cuci
washing	cucian
washing line	(tali) jemuran
washing machine	mesin cuci
wasp	tawon
watch	menonton, nonton
water	air
water-skiing	ski air
waterfall	air terjun

Word list

15

watermelon	semangka
waterproof	anti air
way (direction)	arah
way (method)	cara
we	kita
weak	lemah
wear	pakai
weather	cuaca
weather forecast	ramalan cuaca/prakiraan cuaca
wedding	perkawinan
Wednesday	Rabu
week	minggu
weekday	hari kerja
weekend	akhir pekan
weigh out	menimbang
welcome	selamat datang
well (for water)	sumur
well (good)	baik/sehat
west	Barat
wet	basah
what?	apa?
what? (for time)	berapa?
what? (people)	siapa?
wheel	roda
wheelchair	kursi roda
when?	kapan?
where? (direction)	ke mana?
where? (location)	di mana?
which (that, who)	yang
which one?	yang mana?
white	putih
white wine	anggur putih
who?	siapa?
why?	mengapa? kenapa?
wide-angle lens	lensa lebar
widow	janda
widower	duda
wife	istri
wind	angin
window (in room)	jendela
window (to pay)	kasir
windscreen, windshield	kaca depan mobil
windscreen wiper	kipas kaca mobil
wine	anggur
winter	musim dingin
wire	kawat
witness	saksi
woman	wanita
wonderful	hebat
wood	kayu
wool	wol
word	kata
work	kerja
working day	hari kerja
worn out	usang
worried	cemas
wound	luka

Word list

15

wrap	bungkus/kemas
wrench, spanner	kunci Inggris
wrist	pergelangan
write	tulis
write down	menuliskan
writing pad	notes tulis
writing paper	kertas tulis
wrong	salah/tidak benar

Y

yarn	benang tenun
year	tahun
yellow	kuning
yes	ya
yes please	tolong
yesterday	kemarin
you (formal)	Anda, Saudara
you (informal)	kamu
your're welcome	sama-sama
youth hostel	hostel remaja

Z

zip	resleting
zoo	kebun binatang
zucchini	zucchini

Word list

Basic grammar

Indonesian is written in the roman alphabet and is not tonal. Its grammar is relatively simple in everyday conversation, but more complicated in written style.

1 Verbs

The verb 'to be' is generally not translated. Thus, the English sentence 'I am sick' is translated just as *saya sakit* (I sick). Verbs also have no tense: 'will go', 'going', 'went', 'gone' are all translated as *pergi*. To indicate time, a few key adverbs are used such as *kemarin* ('yesterday'), *sudah* ('already'), *nanti* ('later'), *akan* ('will') and *belum* ('not yet')—flexibly indicating what has happened or will happen. For instance, 'I was sick yesterday' *saya sakit kemarin*; 'I am going to be sick' *saya akan sakit*.

Derived forms of verbs are often made of root words plus prefixes and/or suffixes such as *mem-*, *ber-*, *-an*, *-i*, etc, particularly in more formal/written Indonesian. For instance, the word 'to take' in Indonesian is *membawa* (made of the root word *bawa* + the prefix *mem-*). However, for daily conversations, using only the root word is acceptable. Therefore, you could use the word *bawa* instead of *membawa* to translate 'to take'.

To make the passive form of a verb, the prefix *di-* or *ter-* is normally added, and the agent is often expressed with *oleh* 'by'. For instance, 'to be taken' *dibawa* (taken intentionally) or *terbawa* (taken unintentionally).

Some useful verbs:

To be, have, exist	*ada*
To have, to own	*punya (mempunyai)*
To need	*perlu (memerlukan)*
To get, reach, attain	*dapat (mendapatkan)*
To like	*suka (menyukai)*
To become, happen	*jadi*
To know	*tahu*

2 Nouns

A noun is sometimes made of a root word plus a prefix or suffix such as *me-*, *pe-*, *-an*. For example:

layan, root word	to serve
pelayan (prefix *pe-*)	person who serves (waiter, porter, etc.)
pelayanan (prefix *pe-*, suffix *-an*)	service
melayani (prefix *me-*, suffix *-i*)	to serve (somebody)

Nouns remain the same for singular and plural. The plural form is sometimes indicated by repeating the noun. For instance, 'ticket' *karcis*, 'tickets' *karcis-karcis*.

The addition of *-nya* to the end of a word gives a sense of definiteness. For example, 'car' *mobil*, 'the car'/'his car'/'her car'/'their car' *mobilnya*.

The articles 'a', 'an' and 'the' are not expressed. For instance, 'trip', 'a trip', 'the trip' are all translated as *perjalanan*.

3 Adjectives

Adjectives in Indonesian come after the noun. For example, 'waiting room' *kamar tunggu* (lit: room waiting); 'red car' *mobil merah* (lit: car red).

To form the degrees of comparison (-er, est), the words *lebih* ('more'), or *paling* ('most') are used before the adjective. For example, 'beautiful' *indah*, 'more beautiful' *lebih indah* 'most beautiful' *paling indah*; 'the nearest hospital' *rumah sakit paling dekat* (lit: hospital-most-near).

4 Personal pronouns

I (formal)	*saya*
I (informal)	*aku*
You (formal)	*Anda/Saudara*
You (informal)	*kamu*
He, she, it	*dia*
We (not including the listener)	*kami*
We (including the listener)	*kita*
You (plural)	*Saudara-saudara, Saudara sekalian*
They	*mereka*

Notes:

When addressing foreigners, Indonesian sometimes use *Tuan* ('Mr'), *Nyonya* ('Mrs') and *Nona* ('Miss') forms.

Indonesian people generally address all men as *Bapak* ('Mr') and women as *Ibu* ('Mrs'/'Miss').

The most common polite form for 'you' in any situation is *Anda*. When addressing close friends or social inferiors *kamu* is used. *Kamu* can also be replaced with the person's name or just omitted.

'He', 'she' and 'it' are all *dia*, with no gender differentiation.

'It' is often not directly translated; it is sometimes omitted, sometimes expressed as 'this' or 'that'.

Possession is indicated by placing the personal pronoun after the noun.

My ... (formal)	*... saya*
My ... (informal)	*... aku/... ku*

Your ... (formal)	... *Anda/... Saudara*
Your ... (informal)	... *kamu/... mu*
Her/his ...	... *dia*
Their ...	... *mereka*

Examples: 'food' *makanan*; 'my food' *makanan saya* or *makananku*;
'your food' *makanan Anda, makanan Saudara, makananmu*; 'her/his
food' *makanan dia*; 'their food' *makanan mereka*.

5 Sentence construction

Sentences tend to be short and the most important word is often placed
first. The order of a basic sentence is usually subject-verb-object. The
subject within a sentence is often implied and not mentioned; this
construction is used in most of the phrases in this book.

For example: *Apa Anda mau datang dengan saya?* 'Do you want to
come with me?' = *Mau datang?* (lit: want-go?); *Apa Anda ada peta
kota?* 'Do you have a city map?' = *Apa ada peta kota?* (lit: have-map?)

Question sentences:

There are three ways of constructing questions in Indonesian:

— Use *apa* at the beginning of the sentence

— Use a question word, such as *di mana* ('where') *mengapa/kenapa*
('why'), *bagaimana* ('how'), *berapa* ('how much'/'how many') and
so on.

— Raise the inflection of the voice (omitting the word *apa* or question
word at the beginning of the sentence)

When seeking to confirm something, the word *bukan/kan* ('not') or
ya ('yes') is simply added at the end of the sentence. For example,
'interesting' *menarik*; 'it's interesting, isn't it?' *menarik bukan?/menarik
kan?/menarik ya?*

Notes:

Rather than using inflections which are considered a less formal way
of asking questions, for your basic communication this book uses
question words such as *apa, berapa, siapa* as much as possible.

If you construct a sentence incorrectly when you speak in Indonesian,
people will still understand as long as you have a verb or important
words in your sentence. For instance:

English	Which counter should I go to change money?
Indonesian	**Loket** yang **mana** saya harus pergi untuk **tukar uang?**
Indonesian	*Loket mana tukar uang?* (lit: counter-which-change-money?)